hanser**blau**

Melina Borčak

Mekka hier, Mekka da

Wie wir über antimuslimischen Rassismus sprechen müssen

hanserblau

2. Auflage 2024

ISBN 978-3-446-27822-6

Erscheint als digitales Hörbuch bei Der Audio Verlag,
gelesen von Melina Borčak
Umschlag: Anzinger und Rasp, München
Foto: © Paula Winkler
Illustrationen: © Admir Delić
Satz: Greiner & Reichel, Köln
Druck und Bindung: CPI books GmbH, Leck
Printed in Germany

FSC
www.fsc.org
MIX
Papier | Fördert gute Waldnutzung
FSC® C083411

Für meine Großeltern, die es schafften, zwei Genozide zu überleben.
Für meine Familie, die im Genozid an Bosniak:innen während des Zweiten Weltkriegs von serbischen Nazi-Kollaborateuren ermordet wurde oder gelitten hat.
Für meine Familie, die während des letzten Genozids an Bosniak:innen ermordet wurde oder gelitten hat.
Für meine Familie.

Inhalt

Unbedingt lesen: Intro

Selam und hossa!

Antimuslimischer Rassismus ist so weitverbreitet, ich könnte ein ganzes Buch schreib… Oh wait, hier ist es!

Wer kennt's nicht? Als Muslima bin ich damit beschäftigt, bauchtanzend von einem Terroranschlag zum nächsten zu dschihadieren, aber im Rahmen der bisher gut laufenden Umvolkung des Abendlandes nehme ich mir auch gern noch die Zeit, eure Sprache zu islamisieren.

Meine innere Prokrastinationsmaschine (aka mein Hirn) wollte eigentlich einfach 'ne Ausgabe der *BILD* hier reinklatschen, aber ich will mich nicht mit den plumpen, offensichtlichen Beispielen der führenden Pestknilchlektüre des Landes befassen, da ich hoffe, dass die Menschen, die offen genug sind, so ein Buch zu lesen, solche Basics schon gecheckt haben.

Stattdessen gibt es tiefgehende Analysen, neue Ideen, gute Hinweise und schlechte Witze.

In diesem Buch geht es darum, wie wir über Muslim:innen denken, welche rassistischen Denkmuster sich in unseren Köpfen und unserer Gesellschaft verfestigt haben und welche Folgen sie für Muslim:innen und unser gesellschaftliches Zusammenleben haben. Weil all das durch Sprache geschieht, liegt darauf mein Fokus.

Ich werde euch Beispiele für harten, gefährlichen Rassismus geben, aber auch über Dinge sprechen, die nur die Spitze des

Eisbergs sind. Falls ihr findet, dass manche Beispiele wie Haarspalterei wirken: Erstens ist Spliss ein ernst zu nehmendes Problem, und zweitens muss Rassismus im Keim erstickt werden – und nicht erst, wenn er auf 'nem Wahlplakat landet.

Stellt euch vor, ihr sitzt in der Bahn und bekommt einen Gesprächsfetzen der Leute neben euch mit. Ihr hört, ohne den Kontext des Gesprächs zu kennen, nur die Phrase »jüdische Banker«. Theoretisch kann es ein harmloser Satz sein, denn es gibt ja jüdische Studis, Handwerker:innen, Popstars und eben auch Banker:innen. Aber allein schon die zwei Worte »jüdische Banker« lassen euch denken: »Oh nein, erzählen die gerade irgendwelche antisemitischen Verschwörungsmythen oder was?«

Ähnlich ist es mit der Phrase »Das Frauenbild des Islams«. Auch ich als feministische Muslima denke dabei erst mal: »Ugh, jetzt kommt wieder was Rassistisches.«

Ihr merkt also: Schon kleine, kurze Phrasen oder Sprachbilder können vieles im Kopf auslösen. Denn: Sprache formt Gedanken. Gedanken Verhalten. Und Verhalten die Gesellschaft.

Deshalb ist es so wichtig, dass wir Sprache hinterfragen und kritisch reflektieren. Nur so kann sich wirklich etwas verbessern. Nach dem Lesen dieses Buches könnt ihr rassistisches Verhalten – sei es in den Medien, der Politik, im Freundeskreis oder sogar bei euch selbst – besser erkennen und ihm besser entgegentreten. Wer braucht da schon Fitness, Aktiengurus und Smoothies zur Selbstoptimierung, wenn er dieses Buch hat?!

An wen richtet sich dieses Buch

- Aufgeschlossene Nichtmuslim:innen, die dazulernen möchten und eigene Fehler ehrlich zugeben, reflektieren und verbessern wollen.
- Unreflektierte Nichtmuslim:innen, die selbst nie auf die Idee kommen würden, sich zu bessern, aber das Buch als passiv-aggressives Geschenk bekommen haben von Leuten, die genug von ihrem Scheiß haben. (Falls sich hier jemand gerade erkennt: Muahaha)
- Muslim:innen, die Wissen als Empowerment verstehen und nie wieder dieses undefinierte, schlechte Gefühl haben möchten, bei dem sie spüren, dass *irgendwas* rassistisch und schlimm ist, aber nicht genau benennen können was.
- Meine Freunde, die ich einfach zwinge, dieses Buch zu lesen, und dann auch knallhart abfrage, um zu prüfen ob sie es wirklich getan haben.

Wie ihr schon checkt, richtet sich dieses Buch also *nicht* an Leute, die ihren Rassismus verstecken wollen, indem sie die »richtigen« Begriffe nutzen. Eine gutherzige Oma, die mich »Mohammedanerin« nennt, ist mir hundertmal lieber als pseudoreflektierte junge Leute mit Apotheken-Umschau-Grinsen, die sich fühlen als wären sie Mandela sein Vater, weil sie »korrekt« reden, sich aber rassistisch verhalten, es nie hinterfragen und defensiv bis aggro werden, sobald man sie darauf hinweist. Dieses Buch richtet sich auch nicht an Egoist:innen, die sich nur mit Rassismus befassen, weil sie selbst betroffen sind – und denen andere Diskriminierungsformen komplett egal sind.

Es geht um mehr als Begriffe

Wenn ich Leuten erzähle, dass ich Workshops zu diskriminierungssensibler Sprache gebe, kommen oft Kommentare zu »falschen« und »richtigen« Begriffen. Bei Sprache geht es, wie ich euch anhand von konkreten Beispielen noch ausführlich zeigen werde, jedoch nicht »nur« um Begriffe oder Worte, sondern auch um Kontextualisierungen und Framings*, um Gleichsetzungen, aber auch die Konstruktion von Gegensätzen, wo keine sind, sowie Verharmlosungen und vieles, vieles mehr.

Es geht darum, was überhaupt erwähnt wird und was nicht, in welcher Reihenfolge und mit welcher Gewichtung. Es geht um Sprachbilder und Bildsprache – und zwar nicht nur in Texten und Gesprächen, sondern auch in Videos, Bildern, Audios etc. sowie in Institutionen, Prozessen, Strukturen. Und es geht darum, wer sprechen darf, wer gehört wird und wer nicht.

Deshalb ist es nicht mein Ansatz, 'ne Liste von Begriffen runterzurattern, sondern euch das mentale Werkzeug zu geben, selbst zu erkennen, wenn etwas rassistisch ist – egal ob in der Sprache, im Verhalten, in Strukturen oder bei Onkel Hubert.

Am Ende gibt's daher auch noch eine Toolbox mit Fragen und Methoden, die es euch erleichtern soll, rassistische Framings, Sprach- und Denkmuster zu erkennen und etwas gegen sie zu tun.

* Framing bedeutet auf Englisch Einrahmen. In einem sozialwissenschaftlichen und medienkritischen Kontext bedeutet es, dass Inhalte auf eine bestimmte Art gerahmt oder kontextualisiert werden. Je nachdem, wie etwas verpackt wird, kann dieselbe Info unterschiedlich bei Menschen ankommen. Zum Beispiel: Vergleicht man Berlin mit Koblenz oder Bremen, ist Berlin selbstverständlich 'ne riesige, coole Metropole. Vergleicht man es mit Tokio oder Istanbul, ist es 'ne Kleinstadt. Also: Man ändert nichts an den Fakten, nichts an der Darstellung von Berlin selbst – doch durch die umliegenden Infos, durch den Kontext, in dem Berlin präsentiert wird, *framen* wir es anders.

Locker und offen sein

Lest dieses Buch mit Offenheit und ohne gleich in Abwehrhaltung zu gehen, wenn ihr etwas entdeckt, das ihr selbst immer so gesagt oder geschrieben habt, und jetzt lernt, dass das rassistisch ist.

Um euch das zu erleichtern, habe ich 'ne nice Aufteilung erarbeitet. Rassismus, genau wie andere Unterdrückungssysteme, kann auf individueller und kollektiver sowie aktiver und passiver Achse stattfinden. Die meisten Menschen denken jedoch nur an die aktive Spitze des Eisbergs: die klischeetreuen, glatzköpfigen Neonazis, rassistische Parteien und Vereine oder die mit Grund verhasste, offen rassistische Chefin.

Doch ein Großteil des Rassismus ist passiv: Entweder es sind Strukturen, Prozesse oder Dynamiken, an denen wir einfach teilnehmen, ohne es zu checken, oder es sind unbewusste rassistische Denkmuster, die in unseren Köpfen festsitzen, weil sie uns jahrelang durch die Gesellschaft eingeprägt wurden.

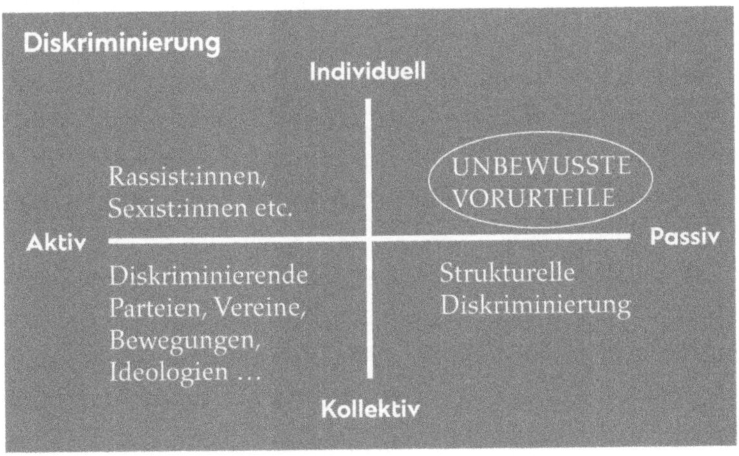

In diesem Buch geht es vor allem um diese passive Seite, um unbewusste Vorurteile, internalisierten Rassismus, unhinterfragte Dinge, die nachgeplappert werden, obwohl ihre Implikationen eigentlich nicht dem entsprechen, woran die Person tatsächlich glaubt und was sie für richtig hält. Und obwohl es passiv und unabsichtlich geschieht, kann es extrem schlimm und gefährlich sein, wie ihr spätestens beim Thema Genozid merken werdet.

Also, falls ihr euch irgendwo erkennt, fühlt euch nicht angegriffen, sondern bei der Selbstverbesserung unterstützt. Selbstverständlich ist das kein Freifahrtschein für Scheißigkeit, ihr solltet problematische Dinge ändern – egal ob sie Absicht sind oder nicht. Sonst bekommt ihr Scheißigkeitspunkte in Flensburg.

»Boah, ist die aggressiv und pRovOkaTiv«

Hä? Nein, ich bin voll nett. Ich rede und schreibe einfach auf 'ne direkte Art. Das kann für Deutsche aggro erscheinen, ist aber einfach meine Art zu sprechen und geht teilweise auch auf kulturelle Unterschiede zurück.

Ich hab Deutsch mit *RTL2* und *Frauentausch* gelernt und wie wir alle wissen (oder zumindest die, die 'ne gute Allgemeinbildung haben): Andreas schrie damals nicht: »Könnten Sie bitte in Erwägung ziehen, dies vorübergehend zu unterlassen?«, sondern: »HAAAALT, STOP!«

Außerdem ist es diskriminierend, arrogant und scheinheilig, Menschen wegen ihres »einfachen« oder direkten Sprachgebrauchs herabzuwürdigen, weniger ernst zu nehmen oder als »aggressiv« darzustellen. Ich war nie auf 'ner deutschen Schule, habe keine Schiller-Romane analysiert und komme aus einer Kultur, in der man zu einem süßen Baby nicht »Aww, wie süß« sagt, sondern »Ich f*** 'ne Maus« (j*** ti miša). Wenn ihr wüsstet, wie viel wir in Bosnien fluchen und wie direkt wir reden, müsste ich diesen Scheiß gar nicht erklären. Genauso wie ich Verständnis hab für deutsche Omis, die mich »Mohammedanerin« nennen, so solltet ihr auch mal auf mich klarkommen. Und ja: Dass ich so einen Hinweis überhaupt schreiben muss, ist ein Armutszeugnis für unsere Gesellschaft.

Voll meta: Noch mehr zu meiner Sprache über Sprache

Ich schreibe die Namen von Kriegsverbrecher:innen und anderen Blutegeln klein, einfach weil ich petty bin und ihnen nicht mal 'nen großen Buchstaben gönn. Meine Sprache ist normalerweise 'ne Mischung aus Deutsch, Englisch, Bosnisch und random Wörtern anderer Sprachen, die ich einfach cool finde. Aber damit ihr das Buch besser verstehen könnt, habe ich mir Mühe gegeben, es maximal deutsch zu schreiben. Um bisschen zu kompensieren, hier einige sehr deutsche Phrasen: »Das ist doch kein Wetter!«, »Sag ma, geht's noch?«, »Das ist mir zu pAuScHaL« und »Ordnung muss sein«.

So, hoffentlich seid ihr jetzt bereit für den Rest des Buches, denn der wird ćeif und vrh.

Wichtig: Das Buch enthält Warnungen für traumatisierte Menschen. Die Teile des Textes, die Auslöser für posttraumatische Belastungsstörung (also »Trigger«) sein können, habe ich mit grauer Farbe unterlegt, damit ihr sie erkennen und überspringen könnt, ohne sie zu lesen. Wenn es Warnungen für sexualisierte Gewalt sind, steht am Anfang ein *, bei Genozid ein •. Vor Stellen, die beides auslösen können, stehen beide Symbole. Keine Sorge, ich habe darauf geachtet, dass ihr meiner Argumentation folgen könnt, auch nachdem ihr diese Teile überspringt. An Stellen, wo sexualisierte Gewalt nur als Begriff kurz erwähnt wird, habe ich den Begriff mit Sternchen geschrieben.

Auch wichtig: Das habe ich ausdrücklich für traumatisierte Menschen gemacht, und zwar Menschen, die genau an diesen spezifischen Traumata leiden. Nicht für irgendwelche random Leute, die nicht wollen, dass Beschreibungen der Realität ihre wohlstandsverwahrloste Blase ankratzen. Oft erinnere ich an verschiedene Genozide, und irgendwelche nervigen Erbsen-Prinzessinnen schreiben mir: »Stell doch 'ne Triggerwarnung davor, ich möchte so was nicht sehen!« Als jemand, der selbst PTBS hat, kann ich gar nicht beschreiben, wie ignorant, arrogant und einfach nur böse ich es finde, unser Leid zu vereinnahmen und damit gleichzusetzen, dass man harte Dinge nicht sehen oder lesen möchte, weil es einem die gute Laune verdirbt. Die wollen nicht mal lesen, was andere leben. Das ist beschämend. Das Kleinste was man gegen Genozide und Gewalt tun kann, ist, sich zu informieren, statt Beschreibungen zu überspringen oder sogar von traumatisierten Menschen Triggerwarnungen zu fordern, obwohl man selbst NICHT traumatisiert ist. Rennt nicht weg vor der Realität. Wer PTBS wegen sexualisierter Gewalt hat, kann die entsprechenden Teile überspringen, aber die zu Genozid lesen – und umgekehrt. Wer kein PTBS hat, liest bitte ausnahmslos alles.

Falls ihr auch nur ein Kapitel lest, dann bitte das über Genozide

Lest natürlich das ganze Ding, aber falls ihr unter Zeitdruck steht oder so, dann ist dies das wichtigste Kapitel.

Genozid ist das ultimative Verbrechen. Es ist das Maximum an Rassismus und Gewalt. Es wird aber kaum darüber gesprochen. Die meisten Menschen wissen nicht mal, was genau Genozid ist. Ich hoffe, dass dieses Buch ein Startschuss für euch ist, euch mehr mit diesem wichtigen Thema zu befassen.

Passend zum Buch habe ich mich auf antimuslimisch-rassistische Genozide fokussiert – von Uigur:innen über Bosniak:innen bis Rohingya. Die meisten Punkte im Kapitel sind aber auch auf andere Genozide übertragbar.

Das Traurige ist, dass Genozid-Überlebende und postgenozidale Gesellschaften so sehr damit beschäftigt sind, ihre bloße Existenz zu verteidigen, dass sie keine Zeit und Kraft für die Analyse von Narrativen haben. Deshalb sind viele der Dinge, die ich zu Genozid schreibe, bisher soweit ich weiß nur mir aufgefallen und noch nicht breit von allen übernommen worden. Aber langsam und sicher wird es besser und besser, inšallah.

Bisschen Transferleistung

Alle sprachlichen Phänomene, die ich im Buch beschreibe, sind entweder Indizien für viel größere Probleme und/oder übertragbar auf nicht sprachliche Dynamiken.

Was ich damit sagen möchte: Versucht beim Lesen auch Parallelen zu nicht sprachlichen Phänomenen zu finden, denkt weiter und über Sprache hinaus. Dann lernt ihr noch mehr.

Antimuslimischer Rassismus: Die Basics

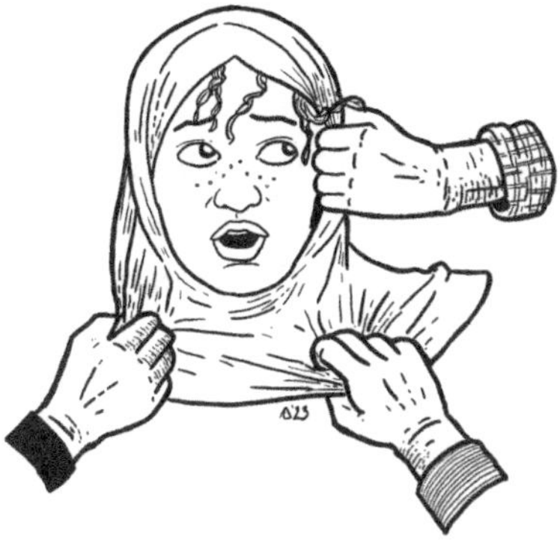

Wahlplakat, Brandanschlag, Massengrab.

Antimuslimischer Rassismus hat viele Gesichter. Klar ist es was anderes, ob er sich im unausgesprochenen Vorurteil zeigt, im Angriff auf eine Moschee oder in der versteckten Hetze der »Islamkritikerin« die 'nen muslimischen Namen hat und es daher ja »sagen darf«. Doch er ist immer gefährlich.

Antimuslimischer Rassismus ist eines der größten, gefährlichsten Probleme in Deutschland. Und nein, ich übertreibe auf keinen Fall.

NSU, NSU 2.0, Hanau, München …

Solingen, Mölln, zahllose Brandanschläge und Angriffe auf Menschen, Moscheen, Flüchtlingsheime …

Identitäre, Alt-Right, NPD, AfD, ehrlich gesagt gibt's Rassismus in jeder Partei, nur in unterschiedlichem Ausmaß.

Rassistische Diskriminierung bei der Jobsuche, der Wohnungssuche, der Asylsuche.

Genozide und der unfassbar grauenvolle mediale, politische und gesamtgesellschaftliche Umgang damit in Deutschland.

Die Liste geht weiter.

Über eintausend antimuslimische Angriffe pro Jahr in Deutschland – und das sind nur die, die strafbar sind, die gemeldet werden und dann von der alles andere als antirassistischen Polizei auch als rassistisch anerkannt werden.[1]

Jeder fünfte Mensch in Deutschland will keine Muslim:innen als Nachbarn.[2] Mehr als ein Viertel der Deutschen sagten 2020, man sollte Muslim:innen verbieten, nach Deutschland einzuwandern. 2018 vertraten diese eindeutig rassistische Haltung noch 44 % der Deutschen. Wegen Covid-19 gab es 2020 weniger Zeit für rassistische Hetze. Daran kann es liegen, dass die Deutschen bisschen gechillter wurden. In Ostdeutschland äußerten sich 2020 aber trotzdem noch 40 % der Deutschen auf solch offenkundig rassistische Weise.[3]

Mehr als die Hälfte der Deutschen sieht Islam und somit Muslim:innen als Bedrohung.[4]

Hier muss ich mal was klarstellen für die Hälfte des Landes, die allen Ernstes so ein Dünnschisskloakenhirn hat: Wären wir wirklich 'ne Bedrohung, wärt ihr alle längst tot. Ihr seid keine Ninjas. Die syrische Zahnärztin könnte euch 'ne Spritze mit wer weiß was geben, der albanische Chef euch einfach erwürgen, der selbstständige Businessman, in dessen Unternehmen ihr Döner kauft, könnte euch vergiften und sogar davonkommen, weil ihr »einmal mit alles« bestellt habt und »alles« halt auch Gift umfasst. Und die muslimische Nachbarin, gegen die ihr euch so wehrt? Die könnte warten, bis ihr in den Urlaub fahrt, in eure Wohnung gehen, die Gardinen mit Kräuterbrause bespritzen, doppelt bügeln und wieder anhängen, dann das Waschbecken abschrauben und … Na ja, ich werd jetzt nicht meine Methoden verraten.

Mein Punkt ist: Das glaubt ihr doch selbst nicht, oder? Dass wir generell 'ne Bedrohung sind? Falls ja, dann hört auf, dieses Buch zu lesen, und geht leise heulen. Für diejenigen, die noch in der Realität leben, willkommen zum Rest des Buches.

Um euch klarzumachen, welche Tragweite antimuslimischer Rassismus hat, und wie wichtig es ist, dass wir uns damit auseinandersetzen, möchte ich mit euch die Gedanken teilen, die ich hatte, als der Beginn des NSU-Prozesses ausgerechnet auf den Jahrestag des Genozids in Srebrenica fiel – und sich NSU und Srebrenica in meinem posttraumatischen Gefühlschaos mischten. Ich sah ein Foto von beate zschäpe und gleich danach eins von Šuhra Malić, deren schmerzverzerrtes, weinendes Gesicht zum Symbol des letzten Genozids an Bosniak:innen wurde. Ich fragte mich:

Was ist der Unterschied zwischen diesen Frauen?

Šuhra steckte all ihre Liebe in ihre Familie. Um der Armut und Diskriminierung im damaligen Jugoslawien zu entfliehen, ging ihr Mann als bosniakischer Gastarbeiter nach Irak, Iran und Libyen – für die Zukunft ihrer Söhne. Šuhra blieb in Bosnien, machte ihnen Essen, brachte sie zur Schule, sorgte sich liebevoll um sie. Doch während sie einfach leben wollte, wollten die Präsidenten von Bosniens Nachbarländern, milošević und tuđman, ein »Großserbien« und ein »Großkroatien« errichten. Um dies zu erreichen, ermordeten sie Bosniak:innen, also bosnische Muslim:innen. Serbische Truppen ermordeten auch Šuhras Söhne.

Šuhra hat am Tag des Prozessbeginns gegen beate zschäpe, wie an jedem Tag seit über 25 Jahren, um ihre im Genozid ermordeten Söhne Fuad und Suad getrauert.

Sie hat versucht, würdevoll zu ihren Gräbern zu gehen, ohne von serbischen Nachbarn mit Steinen beworfen oder wieder von der Polizei geschlagen zu werden. Am Grab hat sie, wie immer, Süßigkeiten an andere Überlebende verteilt.

Šuhra steckt noch immer all ihre Liebe in ihre Familie.

beate steckte all ihren Hass in fremde Familien. Sie musste nie ihr Land verlassen, um ihre Familie zu ernähren oder zu überleben. Als in anderen Ländern Krieg ausbrach, wollte sie nicht, dass diese Menschen nach Deutschland kommen. Sie tötete Muslime, weil es ja spätestens seit Bosnien klar war, dass unsere Leben scheißegal sind. Beate wird morgen, wie immer, um niemanden trauern.

»NSU ist 'ne Ausnahme – 75 Jahre Frieden in Europa!«

75 Jahre Frieden in Europa? 90s kids remember:

*• Während nur sechs Stunden Autofahrt von Deutschland der Angriffskrieg gegen Bosnien tobte, während Menschen ermordet, in Konzentrationslager gesteckt, lebend verbrannt und ver**waltigt wurden, verschärfte Deutschland das Asylgesetz. Sobald der Genozid an bosnischen Muslim:innen vorbei war, mussten ich und Hunderttausende »zurück«. Egal ob unsere Heimatorte gar nicht mehr existieren oder »nur« zerstört waren.

Als unsere Familien ermordet wurden, wollte auch der Präsident Frankreichs, francois mitterrand, uns nicht helfen – mit der Begründung, ein muslimisches Land in Europa wäre »unnatürlich«.[5] Auch britische Politiker:innen nannten den Genozid erfreut »Rückkehr des christlichen Europa«. Vier Jahre Genozid, Konzentrationslager, Hungersnot, Massenver**waltigungen und Belagerung sind nicht einfach geschehen – sie waren Mittel zum Zweck.

Die Niederlande schickten Peacekeeper, um mitten im Elend zu saufen und die Wände mit rassistischen Graffiti zu beschmieren. Dann kamen unsere serbischen Nachbarn, um die Wände mit Blut zu beschmieren.[6] Europäische Zusammenarbeit.

Seit Jahrhunderten sind wir, europäische Muslim:innen, ein Dorn im Auge des restlichen Kontinents. Doch uns kann man nicht in die Heimat abschieben, weil unsere einzige Heimat Europa ist. Also schaut man tatenlos zu oder hilft mit, wie unsere Nachbarn alle paar Jahrzehnte Genozide an uns verüben. Und »vergisst« es dann, immer wieder. Erinnerungskultur zum größten Genozid Europas seit dem Holocaust? Fehlanzeige.

Paar Jahre nach dem Angriffskrieg gegen Bosnien fing der NSU an, weitere europäische Muslime zu ermorden. Die Polizei verdächtigte die Familien der Opfer so stark, dass sich die Mörder selbst stellen mussten, um endlich ihre ekelerregenden 15 minutes of fame zu bekommen. Und die Medien nannten es »Döner-Morde«.[7]

Rassist:innen schafften es, sogar aus Döner eine Erniedrigung zu machen. So wurde ein serbisches Lied, das den Genozid an Bosniak:innen feiert, zum Hit unter Rassist:innen weltweit. Unter dem Namen »Remove Kebab« freuen sich Rechte in Memes, Foren und Gesprächen, dass Muslim:innen in Genoziden vernichtet und in Terroranschlägen ermordet werden. Der Terrorist in Christchurch nutzte dieses Lied als Soundtrack für die Morde an über 50 Menschen[8], auch die Terroristen aus Halle und München bezogen sich darauf[9]. Und peter handke bekam einen Nobelpreis, obwohl er laut Medienberichten Trauzeuge des verurteilten Kriegsverbrechers und »Musikers« war, der für diese Terror- und Genozid-Hymne verantwortlich ist.[10] Das ist sogar eins der kleineren Probleme an handkes Umgang mit Genozid, aber hey – sind ja nur scheiß Moslems! Dass serbischer Nationalismus rechtsextreme Parteien und Terroristen weltweit inspiriert, von Utoya über die USA bis Deutschland – egal.

Döner fressen, im Andalusien-Urlaub fasziniert die Alhambra anglotzen, einen von über 50 Millionen europäischer Muslim:innen als Nachbarn haben – und trotzdem nicht erkennen, dass Islam und Europa untrennbar sind.

Würde Šuhra in Deutschland leben, würden viele auf ihr Kopftuch starren und denken, dass sie von ihren toten Söhnen oder ihrem toten Mann unterdrückt wird. Oder dass es ein politisches Symbol ist, eine Kampfansage für die »Islamisierung«.

Dass solcher Rassismus eine Ideologie stärkt, die allein in Bosnien, allein in den Neunzigern, für den Tod von über 100 000 Menschen verantwortlich ist – das war ja schon damals egal.

Was ist also der Unterschied zwischen beate und Šuhra?

Eine mordet, die andere wird Terroristin genannt.

Keine Phobie, Rassismus

Wir kennen es wahrscheinlich alle: Ihr lest etwas über einen rassistischen Angriff auf eine Muslima. Ihr seid erschüttert und traurig. Und dann seht ihr, dass irgendein trollender Tastaturkrieger folgenden Satz stolz unter den Artikel klatscht: »Aber der Islam ist gar keine Rasse, also ist das nicht rassistisch!«

Newsflash an diese Hornhauthülsen: Keine Menschengruppe ist eine »Rasse«, weil menschliche Rassen nicht existieren. »Rasse« ist eine biologische Kategorie, die unter Hunden und anderen Tieren zu finden ist, aber nicht unter Menschen. Menschliche »Rassen« haben keine reale, wissenschaftliche Basis. Deshalb wird auch im deutschsprachigen Raum meist mit der Kategorie »Race« gearbeitet, welche nicht so stark von der NS-Zeit geprägt ist und welche zwar auch oft mit pseudobiologischen Ausreden genutzt wurde und wird, aber immer eine soziologische Kategorie war und ist. Aus diesem Grund betonen Expert:innen immer, dass »Race« ein gesellschaftliches Konstrukt ist, keine biologische Realität.

Sogar die NPD, Identitäre und Rechtsradikale behaupten nun, dass es ihnen nicht um »Rassen« oder auch um »Race« gehe, sondern um vermeintlich minderwertige Kulturen und Religionen. Die Basis von Rassismus ist Othering: Unterschiede zwischen Menschen und verschiedenen Bevölkerungsgruppen werden ausgedacht oder übertrieben und dann negativ konnotiert, um die »Anderen« abzuwerten. Menschen werden beispielsweise auf ihre Religion reduziert – und zwar *alle* dieser Religion zugehörigen Menschen. Alles, was sie tun oder nicht tun, wird durch ihre vermeintlich »minderwertige« Religion erklärt. Dann werden die Kulturen und Religionen als unveränderbar geframed und die Menschen ebenso.

Insbesondere in Bezug auf Muslim:innen gilt der rassistische Verschwörungsmythos, dass selbst diejenigen, die als »Gute« oder »Ausnahmen« gelten, unveränderbar minderwertig, rückständig oder gefährlich sind und einfach nur lügen, weil sie »Taqiyya« betreiben – also sich zwar als gute Menschen *darstellten*, aber insgeheim Terrorfans, »islamistisch« oder ein anderer, beliebiger Teil des Rassismus-Bingos seien.

Rassifizierungen führen immer zu Hierarchien und Bewertungen – bis hin zu der Auffassung, dass bestimmte Personengruppen nicht »nur« minderwertige Menschen seien, sondern nicht mal Menschen.

Viele muslimische Communities sind neben rassistischen Angriffen auf ihre Religion auch Angriffen basierend auf »klassischem«, biologistischem Rassismus ausgesetzt.

*• So werden Bosniak:innen im serbischen Nationalismus oft nicht als Menschen gesehen, sondern als »genetisch entstelltes Material«.[11] Die »Lösung« dafür waren mehrere Genozide, in denen Bosniak:innen entweder ermordet oder durch systematischen, strategischen Einsatz von Vergewaltigungslagern gefoltert wurden.

Bosniakische Frauen und Mädchen wurden in diesen auf Vergewaltigung spezialisierten Konzentrationslagern gefangen gehalten, damit sie weder abtreiben noch Sui*id begehen konnten und somit gezwungen waren, Kinder mit »serbischem Blut« zu gebären, um den Genpool zu »säubern«.

Das passierte in den Neunzigern, als der Rest der Faschos sich – zumindest öffentlich – schon von biologistischen Ideen abgewandt hatte. »Argumente« wie »Islam ist keine Rasse« sind mir als Bosniakin, mild ausgedrückt, scheißegal.

Es ist wichtig zu wissen, dass sich Geschichte wiederholt und heutige Traubenzucker-Rambos alte rassistische Konzepte einfach wiederkäuen. Wer rassistische Klischees der gegenwärtigen Rechten recherchiert, findet fast immer die gleichen Klischees wie sie schon vor Jahrzehnten und sogar Jahrhunderten genutzt wurden. Wir dürfen nicht so tun, als wäre dies kein Rassismus, nur weil Rassist:innen das Wort »Rasse« durch »Kultur« oder »Religion« ersetzen, sonst aber nach denselben ideologischen Prinzipien vorgehen.

Zusätzlich zu antimuslimischem Rassismus erfahren beispielsweise Uigur:innen antiasiatischen Rassismus und Somalis Rassismus gegen Schwarze Menschen.

Die Existenz von antimuslimischem Rassismus schließt also leider nicht aus, dass die meisten muslimischen Leute gleichzeitig auch noch weitere Rassismen erfahren, ähnlich wie eine Mixed-Race-Person je nach Kontext zum Beispiel sowohl Rassismus gegen asiatisch gelesene als auch gegen Schwarze Menschen oder eine Verschränkung aus beidem erfahren kann. Außerdem können muslimische Rom:nja Antiromaismus erleben – eine weitere Form des Rassismus, die selbst mehr auf Kultur als auf Aussehen basiert.

Zwei Personen können das gleiche Aussehen haben, aber wenn eine griechisch ist und die andere türkisch, werden sie gesellschaftlich nicht in den gleichen Topf geworfen. Auch ein blauäugiger muslimischer Flüchtling aus Syrien oder eine blonde, Konzentrationslager-überlebende Bosniakin sind gesellschaftlich in einer komplett anderen Position als ähnlich aussehende Deutsche oder Amis.

Ihr könnt also blond und blauäugig sein, aber trotzdem unter antimuslimischem Rassismus leiden: wegen eures Kopftuches, eures Namens, eurer Religion. Manche Leute schließen konvertierte Muslim:innen hier aus, aber so empathielos und heuchlerisch ausgrenzend bin ich nicht. Also: Auch zum Islam konvertierte Menschen können unter antimuslimischem Rassismus leiden – und haben meist schon während der Konversionszeit schlimme Rassismuserfahrungen gemacht. Außerdem geht es ja nicht nur um Alltagsrassismus sondern auch um strukturellen Rassismus, um Angriffe auf Moscheen und um die Existenz explizit antimuslimischer Parteien, Vereine und Gesetze. Wenn eine Moschee im Hinterhof versteckt sein muss und trotzdem nur durch Metalldetektor zugänglich ist aus Angst vor Mordanschlägen, dann leiden darunter unabhängig vom Phänotyp muslimische Menschen und keine nicht muslimischen.

Im Umkehrschluss: Kein Mensch behauptet, dass Jogi Löw nicht *weiß* ist, obwohl er aussieht, als wäre er ein anatolischer Rollkragendesigner, der in einer türkischen Soap einen anatolischen Schaldesigner spielt. Solche Beispiele gibt es viele: Deutsch-Deutsche, herkunftsdeutsche *Weiß*deutsche, die aussehen, als wären sie es nicht – und trotzdem keinen Rassismus erfahren. Das zeigt uns also, dass sich Rassismus oft, aber eben nicht ausschließlich, aufs Aussehen bezieht. Deshalb leiden Muslim:innen an antimuslimischem Rassismus, egal ob sie zum Beispiel hellhäutige Kurden, asiatisch gelesen, Senegalesen oder 'ne Kombination davon sind.

Da »Race«, wie wir festgestellt haben, ein gesellschaftliches Konstrukt ist, unterscheidet sich die Zuordnung in verschiedenen Gesellschaften. Die gleiche Person kann, je nach Gesellschaft, verschiedene Positionen und eine andere »Race«-Zuschreibung haben. Beispielsweise scherze ich immer mit einem Freund, dass er in seinem Heimatland Pakistan »*Weiß*« genannt wird, in den USA »Brown«, in Großbritannien »Asian« und in Deutschland »Scheiß Terrorist«.

Islamophobie, die übliche Alternative zum Begriff »antimuslimischer Rassismus«, würde außerdem implizieren, dass es um

Islam, also die Religion geht, und kein Angriff auf Muslim:innen, also Menschen, stattfindet. Das ist eine beliebte Ausrede antimuslimischer Eiterstöpsel, die so tun, als wären sie gegen die »Ideologie« Islam, also dürfen wir sie nicht sprachlich bestätigen. Und Phobie würde bedeuten, dass es um eine Angst der Mehrheitsgesellschaft vor Muslim:innen geht. Das wäre nicht »nur« faktisch falsch, sondern auch Victim-Blaming oder Täter-Opfer-Umkehr: denn Muslim:innen sind diejenigen, die wegen rassistischen Angriffen in Angst leben und nicht umgekehrt. Deshalb: Verwendet also bitte nicht den Begriff Islamophobie, sondern antimuslimischer Rassismus.

Rassismus ist kein Bauchgefühl

Etwas, das leider sehr oft passiert: Eine Person sagt oder macht etwas glasklar Rassistisches und kommt dann nach berechtigter Kritik mit einer halbherzigen Nonpology daher, in der Rassismus geleugnet wird mit so tollen Argumenten wie »Es war ein Missverständnis«, »Meine beste Freundin ist Muslima« oder »Ich kann gar kein Rassist sein, mein Auto ist aus Südkorea!«.

Wir wissen, dass das Bullshit ist. Rassismus ist kein Bauchgefühl, sondern klar definiert und eindeutig erkennbar. Zu oft wird von »Rassismusvorwürfen« gesprochen, wenn Betroffene und Expert:innen in Wahrheit keinen Rassismus *vorwerfen* sondern *feststellen*. Wenn etwas rassistisch ist, ist es das halt. Punkt, aus, Ende.

Wenn Plastikmüll in einem Naturschutzgebiet auftaucht und unbekannt ist, woher er kommt, dann können an benachbarte Fabriken *Vorwürfe* der Naturverschmutzung gemacht werden. Wenn aber eine Firma Hundert Tonnen Plastikmüll in einem Naturschutzgebiet auskippt, Kameras es filmen und nicht mal die Firma selbst leugnet, dies getan zu haben – dann machen Aktivist:innen keine Naturverschmutzungs-*Vorwürfe*, sondern *stellen fest, weisen hin*.

Das gilt auch für Rassismus. Doch zu oft sagen Leute vor laufender Kamera unfassbar rassistische Dinge, es gibt keinen Zweifel, dass sie diese gesagt haben – und dann ist plötzlich die Rede von »Vorwürfen«, von »deftiger Wortwahl«, von »mutmaßlich fremdenfeindlichen Konnotationen«. Wer vor einem Problem wegrennt, ist Teil davon.

Und Überraschung: Auch der Leugnung von Rassismus liegt Rassismus zugrunde. Denn die Leugnungen basieren auf einer respektlosen, rassistischen Grundhaltung, die Rassismus-Expert:innen und Betroffene abwertet, gaslightet* und ihnen ihr Wissen abspricht. Anderen Expert:innen würden die wenigsten reinreden oder einfach ihre eigene unqualifizierte Meinung über deren fundiertes Wissen stellen und dieses leugnen. Wenn eine Exogeologin über Mineralien auf der Mars-Oberfläche redet, sag ich doch nicht: »Nö, da gibt's viel mehr Mangan. Ich hab da mal 'ne Doku gesehen.« Und wenn in anderen Kontexten Expertise doch mal abgewertet wird, erkennen die meisten Menschen, wer im Unrecht ist. Wenn also eine Virologin und ein Corona-Leugner streiten, ist es glasklar, was gerade abgeht. Menschen, die sich professionell mit Rassismus befassen, wird nicht der gleiche Respekt entgegengebracht, obwohl zum Beispiel auch Soziolog:innen mit Rassismus-Schwerpunkt eine fundierte, komplexe Ansammlung von wissenschaftlicher Expertise haben. Ich könnte

* Gaslighten: Eine Person psychologisch manipulieren durch Lügen, Leugnen und Einschüchterung mit dem Ziel, dass sie anfängt, ihrer eigenen Wahrnehmung nicht mehr zu glauben und an ihrer geistigen Gesundheit oder Denkfähigkeit zu zweifeln.

mich jetzt stundenlang auskotzen, aber zitiere lieber Grada Kilombas »Plantation Memories«, das so vielen Menschen aus der Seele spricht:

»Wenn sie sprechen, ist es wissenschaftlich,
wenn wir sprechen, ist es unwissenschaftlich.
universell/spezifisch
objektiv/subjektiv
neutral/persönlich
rational/emotional
unparteiisch/parteiisch
sie haben Fakten, wir haben Meinungen
sie haben Wissen, wir haben Erfahrungen.

Dies sind nicht nur einfache semantische Kategorisierungen. Sie haben eine Dimension der Macht, die hierarchische Positionen und White Supremacy aufrechterhält. Wir haben es hier nicht mit einer ›friedlichen Koexistenz von Wörtern‹ zu tun, wie Jacques Derrida es betont, sondern mit einer gewaltsamen Hierarchie, die definiert, wer sprechen darf.«[12]

Es ist sehr wichtig, diese rassistische Dynamik zu erkennen. Zu viele rassifizierte Menschen fühlen sich gedemütigt, geleugnet und ignoriert – können aber nicht benennen, dass es an diesem Grundstein des Rassismus liegt. Manche verinnerlichen diese Dinge sogar und denken wirklich, sie könnten nicht objektiv mitreden, weil sie ja die Welt durch ihren Filter sehen. Newsflash: Auch ein *weißer* Mann aus der Mehrheitsgesellschaft sieht die Welt durch seinen Filter, durch seine Erfahrungen und Identität als *weißer* Mann.

Also nochmal zum Mitschreiben: Rassismus ist kein Bauchgefühl. Wenn auf etwas klar Rassistisches hingewiesen wird, dann ist es kein »Rassismusvorwurf«, sondern eine Feststellung. Es ist auch keine Verhandlungssituation, in der wir nett zuhören und nicken müssen, während die rassistisch handelnde Person als Alibi ihren »FCK AFD«-Sticker zeigt und sich dabei wie die Wiedergeburt von Malcolm X fühlt.

Alle können rassistisch sein

Alle Menschen können rassistisch sein, nicht nur *weiße*. Zum Beispiel können (nicht muslimische) Schwarze Menschen zutiefst rassistisch gegen Muslim:innen sein und umgekehrt. Rassifizierte Menschen sind kein Einheitsbrei, der sich ausschließlich als »Gegenteil von *weiß*« definiert.

Und: Das gilt auch für Menschen aus den eigenen Communities. Ja, es gibt jüdische Leute in der AfD und Schwarze Republicans. Genauso gibt's Muslim:innen und Menschen, die fälschlicherweise als muslimisch wahrgenommen werden, die unfassbar antimuslimisch rassistisch sind. Das kann internalisierter Rassismus sein, Tokenismus*, talentlose Karrieregeilheit oder auf an-

* Tokenimus ist, wenn man Mitglieder einer marginalisierten Gruppe als lebendes Alibi nutzt, um so zu tun, als wäre man nicht rassistisch oder würde sich für Gerechtigkeit einsetzen. Der Mensch wird zum Spielstein (Token). Beispielsweise lieben viele Medien es, Marginalisierte vor die Kamera zu stellen, aber diesen Menschen kein echtes Mitspracherecht zu geben – in den Redaktionen und Führungspositionen sind weiterhin ein Haufen Jochens. Eine weitere Art der Tokenisierung ist es, wenn die Tokens mitmachen. Denn: Als Schwarze, muslimische oder LGBTQ*-Person in der AfD kann man viel besser Karriere machen, als wenn man den talentlosen, selbsthassenden Honk rauslässt. Das sieht man auch an all den antimuslimischen Rassist:innen, die muslimisch sind: Sie sehen sich selbst als Ausnahme. Und sie »dürfen« solche Dinge ja sagen. Und andere Rassist:innen springen fröhlich mit auf den Zug.

dere Motive zurückgehen. Wichtig ist, die Worte und Taten von Menschen zu beachten und zu überlegen, ob diese rassistisch sind.

Ein arabischer Name, ein türkischer Pass oder »muslimisches Aussehen« machen keinen Menschen immun dagegen, antimuslimisch rassistisch zu sein. Wenn bestimmte Aussagen und Verhaltensweisen bei nicht muslimischen Leuten als rassistisch, rechts oder inakzeptabel erkannt werden, dann gilt dies doch auch für muslimische, meine Fresse. Wir wollen Gleichberechtigung und keine Extrawurst (außer sie ist aus Tofu und mit Erdnusssoße, dann bitte Gleichberechtigung UND Wurst).

Lasst Rassismus also bitte nie durchgehen, egal von wem er kommt.

Die Moschee im Dorf lassen

Bei Sprache ist's wichtig, wirklich an den Kern der Sache zu gehen und zu verstehen, *warum* ein bestimmter Begriff oder eine Formulierung rassistisch sein können. Nur weil Malte aus eurer linken Studi-Gruppe sich geil findet, wenn er bestimmte Begriffe sagt, bedeutet das nicht zwingend, dass die üblichen Begriffe falsch oder rassistisch sind.

Um mal ein Beispiel zu nennen: Ich nutze immer den Begriff »Flüchtling«, weil ich absolut nichts Schlimmes daran erkenne, die Argumente dagegen übertrieben finde und eher die hyperhippen Alternativen als beleidigend sehe.

Wenn Worte an sich diskriminierend sind, einen diskriminierenden Ursprung haben (zum Beispiel von Rechtsradikalen ausgedacht wurden) oder wenn sie unbewusste Vorurteile festigen, dann ist es klar, dass sie nicht genutzt werden sollen. Aber bei

»Flüchtling« ist das nicht der Fall. Der Kritikpunkt ist die »-ling« Endung, die aber auch bei »Liebling« und anderen netten Worten vorkommt und meiner Meinung nach überhaupt nicht problematisch ist.

Nur wegen einem »-ling« den Begriff ändern? Wenn eine Person sooo viel sprachliche Hilfestellung braucht, um mich nicht zu hassen, dann ist die Sache sowieso verloren. Und ich fühle mich erniedrigter, als wenn der Originalbegriff fällt.

Und die Alternativen? »Geflüchtete«, »Menschen, die flüchten mussten«, »Menschen mit Fluchterfahrung« …

Das ständige Rumreiten auf dem Menschsein bestimmter Gruppen klingt pathetisch und nervt. Wir sagen ja auch nicht »Menschen, die journalistisch arbeiten« oder »Menschen, die aus Afghanistan sind« um den Mensch hinter dem Begriff nicht zu vergessen. Wenn Leute so was bei »Menschen mit Fluchterfahrung« dennoch nötig haben, sollten sie eher überdenken, warum sie das Menschsein von Flüchtlingen so leicht vergessen. Mal abgesehen davon, dass »Fluchterfahrung« nach einem dieser Wortkonstrukte klingt, die sich Bachelor-Studis ausdenken, um ihren noch immer mickrigen Lebenslauf aufzupolieren.

Damit das klar ist: Ich finde es super, wenn ihr eure Sprache bewusst reflektiert und diskriminierende Begriffe hinterfragt. Und ich liebe Leute, die sich bei dem Thema Mühe geben – sonst hätte ich ja dieses Buch nicht geschrieben! Mein Punkt ist, dass es manchmal unnötig weit geht.

Und in den Fällen, in denen es zu weit geht, führt es immer zu neuen Kotzworten. Mittlerweile wird für Flüchtlinge auch das grässliche Wort »Newcomer« genutzt, welches unsere Erfahrungen und gesellschaftliche Position komplett ausblendet, als wären Flüchtlinge in der gleichen Lebenssituation wie Erasmus-Austauschstudis oder Lea aus Dackeldorf an der Wümme, die gerade neu nach Bremen gezogen ist und in 'ner scheinheiligen Hipster-Firma arbeitet.

Falls es Flüchtlinge gibt, die unbedingt »Mensch mit newcomender Fl*chthintergrunderfahrung« oder so genannt werden wollen, sollte das respektiert werden. Für mich persönlich ist aber eher all diese Wortbastelei beleidigend.

Denn ein solches Um-den-heißen-Brei-Gerede unterstellt im Prinzip, dass Flüchtling zu sein etwas Beschämendes wäre, was absolut das Gegenteil von der Realität ist. Ich unterstelle mal im Gegenzug, dass der coole, linke Malte einfach tot umfallen würde, wenn er nur ein Bruchteilchen dessen durchmachen müsste, was Flüchtlinge schaffen. Doch einen Albaner aus Kosovo, der sich bei einem Massaker unter den Leichen seiner Familie verstecken musste, dann tagelang verwundet und hungernd im verminten Wald vor bewaffnetten Faschos versteckte und es schließlich durch ganz Europa nach Deutschland schaffte – ihn müssen wir »Newcomer« nennen, weil Flüchtling sein so beschämend ist/klingt? Die meisten Leute hier haben null Ahnung, welche Leistung es ist, zu flüchten. *Das* müssen wir ändern, nicht das Wort. Für mich bedeutet das Wort »Flüchtling« Mut, Kraft, Ausdauer – und wer das nicht erkennt, sollte an sich arbeiten statt am Begriff.

Es ist also eine Art Empowerment, einfach Flüchtling zu sagen, selbstbewusst darauf zu bestehen und klarzumachen, dass das einfach null beschämend ist.

Als weiteres Argument gegen die Verwendung des Wortes »Flüchtling« wird immer wieder hervorgebracht, dass Rechtsradikale das Wort »Flüchtling« negativ verwenden. Klar, ab einem bestimmten Punkt sind Worte verloren und extrem rechts konnotiert. Doch bevor dieser Punkt erreicht wird, müssen wir doch nicht selbst aufgeben, indem wir uns neue Begriffe ausdenken und die alten einfach rassistischen Pestknilchen überlassen. Diese Schleimstöpsel haben mittlerweile auch den Begriff »Facharbeiter:innen« als Beleidigung beziehungsweise als Synonym für Kriminelle gekapert, obwohl er explizit dafür gedacht war, Wertschätzung gegenüber den immigrierten Arbeiter:innen und ihren Kenntnissen auszudrücken. Alles kann mit Hass verknüpft werden, und zwar sehr schnell, also müssen wir dem ab einem gewissen Punkt ein Ende bereiten, und die Betroffenen müssen die Worte zurückerobern, damit es kein endloser, rasend schneller Teufelskreis der Begriffsänderung wird. Es gibt sogar einen Namen für diesen Teufelskreis: »Euphemism Treadmill« oder »Euphemism Cycle« (Euphemismus-Tretmühle oder Euphemismus-Zyklus), wie es die Linguistin Sharon Henderson Taylor schon in den 70ern nannte.

Es ist wichtig, dass wir bei all der berechtigten sprachlichen Vorsicht nicht aus dem Blick verlieren, dass einige Sachen aus guten Gründen ersetzt und nicht verwendet werden sollten, aber andere Ersetzungen (auch falls gut gemeint) in die falsche Richtung gehen. Wir müssen reflektieren, *warum* Worte oder Phrasen rassistisch sind:

Zum Beispiel was ein Begriff ausdrückt, was er impliziert, wer ihn ausgedacht hat und in welchen Kontexten wie verwendet.

Für die Beispiele, die ich im Buch nenne, gibt es also gute Gründe, ersetzt und nicht genutzt zu werden.

Gemeinsam sind wir stärker

Dieser Teil vertritt 'ne unbeliebte Meinung und wer weiß, vielleicht hassen mich Leute dafür. Aber es muss mal gesagt werden, damit es sich hoffentlich ändert: Muslim:innen, Antirassist:innen, Feminist:innen – wir alle sind mitschuld am Stand der Dinge. Leute organisieren Konferenzen, ändern Gesetze, posten sich die Finger wund, schreiben ganze Bücher über antimuslimischen Rassismus und erklären da alles von Andalusien über »Woher kommst du?« bis zur AfD – erwähnen aber mit keinem Wort die gewaltvolle Christianisierung und Vertreibung Hunderttausender ethnischer Türk:innen und anderer Muslim:innen aus Bulgarien Ende der Achtziger. Erwähnen nie Guantanamo, Abu Ghraib und all die namenlosen Foltergefängnisse der USA. Oder Drohnenmorde. Oder Afghanistan, Pakistan, Jemen, Irak. Erwähnen keinen der vielen Genozide an Muslim:innen: den Genozid an Uigur:innen, an Rohingya, die mehreren Genozide an Bosniak:innen, Albaner:innen, an Tscherkess:innen, Tschetschen:innen, Krimtatar:innen, Kasach:innen und anderen Völkern des Kaukasus und Zentralasiens, koloniale Genozide oder all die Genozide an Muslim:innen im Zuge des Rückzugs des Osmanischen Reiches … Denken auch nie an die aktuelle vorgenozidale Gewalt gegen indische Muslim:innen heute – und vieles, vieles mehr.

Klar, man kann nicht immer alles im Kopf haben, immer an alles denken und immer alles erwähnen. Darum geht es mir nicht. Ich werde bestimmt auch Sachen auslassen. Aber man muss doch große Dinge mitdenken. Ein Beispiel:

Letztes Jahr hat ein Magazin einen Erklär-Post zu antimuslimischem Rassismus gemacht, am Jahrestag des Genozids in Srebrenica. Und ausgerechnet zum Genozid sagten sie kein einziges

Wort. Noch mal: Am Jahrestag, in einem Post zu antimuslimischem Rassismus, kein einziges Wort zum antimuslimischen Genozid.

Stellt euch vor, man redet und arbeitet zu Antisemitismus, ohne je die Shoah zu erwähnen oder mitzudenken; man redet und arbeitet zu Feminismus, ohne je sexualisierte Gewalt zu erwähnen oder mitzudenken; man redet und arbeitet zu Anti-Schwarzem Rassismus ohne je Sklaverei oder Kolonialismus zu erwähnen oder mitzudenken.

So fremdschämend fühle ich mich, wenn jemand über Rassismus in Europa oder antimuslimischen Rassismus generell redet und den Genozid an Bosniaken nicht mitdenkt – den größten Genozid und größten Rassismusfall Europas seit dem Ende des Zweiten Weltkriegs.

Ich habe es satt, dass jeder Promi-Shitstorm mehr Aufmerksamkeit bekommt als die Tatsache, dass Guantanamo noch immer nicht geschlossen ist. Ich habe es satt, den zehntausendsten Text über »Heimat« und »Identität« zu lesen, während in Deutschland Uigur:innen leben, deren Heimat und Identität gerade komplett ausgelöscht wird.

* Ich habe es satt, zu diskutieren, ob man mit Sternchen oder Doppelpunkt gendern soll, während in Deutschland serbische Vergewaltiger und Kriegsverbrecher:innen frei rumlaufen – und die bosniakischen und albanischen Frauen, denen sie das Leben zur Hölle machten, durch Genozidrelativierung retraumatisiert werden.

Ich habe es satt, dass Muslim:innen mehr darauf achten, kein Schweinefleisch zu kaufen als keine Produkte, mit denen der Genozid an Uigur:innen finanziert wird. Ich habe es satt, dass Leute, die sich für Arbeiterrechte einsetzen, daran denken, dass VW-Arbeiter:innen in Deutschland genug Urlaubstage haben, aber nicht daran, dass VW mehrfach wegen uigurischer Zwangsarbeit kritisiert wurde und sich weigert, das Werk in Ürümqi zu schließen, während Uigur:innen systematisch vernichtet werden. Ich habe es satt, dass so viele Leute nur ihre eigene Community und ihre eigenen Interessen sehen – und selbst dann nur auf sehr begrenzte Weise. Also Diskriminierung bei der Wohnungssuche bekämpfen, aber Genozidleugnung nicht, weil darunter leiden ja eh nur andere Muslim:innen, andere Frauen, andere Menschen? Kämpfen wir gegen Rassismus, Faschismus, Sexismus – oder nur gegen die Arten von Rassismus, Faschismus, Sexismus, die uns selbst betreffen? Kämpfen wir für Gerechtigkeit und Menschenrechte oder für den eigenen Hintern?

Wenn deutsche Konzerne mal wieder einen Deal in der Heimat der Uigur:innen machen, deutsche Medien mal wieder den Genozid an Bosniak:innen relativieren oder Russland mal wieder Krimtatar:innen vertreibt – wo sind dann all die muslimischen, antirassistischen, feministischen Vereine und Aktivist:innen? Wo ist die Solidarität? Warum sind uigurische Demos so beschämend klein? All das sind unsere *gemeinsamen* Probleme. Es kann nicht sein, dass Leute antimuslimischen Rassismus bekämpfen und dabei das Maximum des Rassismus – Genozide – ignorieren.

Ich merke, dass viele Leute nicht mal verstehen, dass Genozide eine Form von Rassismus sein können. Würdet ihr je sagen »Der Typ ist Holocaustleugner, ja, aber Antisemit ist er bestimmt nicht!«? Nein, würdet ihr nicht. Wie kann man also mit dem gleichen Hirn die gleiche Aussage nicht checken, wenn es um Rassismus geht? Wie kann man gegen Rassismus sein und so tun, als wäre das Leugnen oder Relativieren antimuslimischer Genozide nicht rassistisch? Gegen Genozidrelativierung kämpfen ist auch die Aufgabe von Antirassist:innen, Feminist:innen, Menschenrechtler:innen und anderen coolen Leuten. Euer linker Kumpel, der findet, der Genozid an Uigur:innen sei »antikommunistische Propaganda«? Rassist. Eure nette serbische Freundin, die zum Genozid an Bosniak:innen nur sagt »Politik ist schuld« oder »aLLe sEiTen«? Rassistin. Wir, falls wir uns solchen Leuten und Aussagen nicht entgegenstellen? Rassist:innen.

Wir müssen größere Themen mitdenken. Und Intersektionalität tatsächlich umsetzen und nicht nur davon reden. Bitte recherchiert First-World-Privilege und reflektiert, was es bedeutet, in einem der reichsten Länder der Welt aufgewachsen zu sein. Rassismus startet und endet nicht mit »Woher kommst du?« oder Statistiken zur Jobsuche. Wenn man als antirassistischer, feministischer oder einfach guter Mensch große Verbrechen und Probleme ignoriert, weil sie einen selbst nicht betreffen oder »fern« scheinen – dann ist man halt nicht wirklich antirassistisch, feministisch und kein guter Mensch.

Ich hoffe, ihr nehmt diese Kritik nicht als Angriff, auch nicht als konstruktiven Verbesserungsvorschlag, sondern als Verbesserungsforderung.

»Der Islam« und »die muslimische Welt«

Es ist irreführend, von »dem« einen Islam zu reden – vor allem da es meist um Vorurteile geht, die entweder gar nicht islamisch oder nur mit einer kleinen Subgruppe von Muslim:innen assoziierbar sind. Islam ist eine riesige Weltreligion, die fast zwei Milliarden Menschen, also fast ein Viertel der gesamten Weltbevölkerung, umfasst. Islam in Indonesien, der Türkei, Deutschland oder Saudi-Arabien ist ganz unterschiedlich. Auch in Indonesien in verschiedenen Provinzen oder in der gleichen Provinz zwischen verschiedenen Menschen kann Islam sehr unterschiedlich ausgelegt und gelebt werden. Wie bei jeder Religion gibt es säkulare, liberale, konservative und andere Strömungen, Gruppen die megarelaxt sind und andere, die strikt gestrickt sind.

Sehr viele Aspekte des antimuslimischen Rassismus werden über Mythen, Lügen oder Verallgemeinerungen zur »muslimischen Welt« erzeugt. Wir müssen nicht »nur« die Vorurteile und Lügen über unsere eigenen, jeweiligen Länder aushalten, sondern gleich über alle mehrheitlich muslimischen Länder. So werden zum Beispiel deutsche Muslim:innen gezwungen, sich von Erdoğan, der saudischen Königsfamilie, den Ayatollahs in Iran, belgischen Terroristen und random Dorflappen in Portugal zu distanzieren, falls die Lappen muslimisch sind. Alles wird zusammengeworfen: jeder negative Aspekt Senegals, Lügen über Indonesien, Vorurteile über Bangladesch sowie random schlimme

Dinge, die nur ein einziges Mal in einem abgelegenen Bergdorf in Tunesien/Pakistan/Albanien passierten, aber nun auf fast zwei Milliarden Menschen übertragen werden.

Erst werden muslimische Leute bestimmten Ländern zugeordnet – egal ob sie selbst migriert oder Deutsche mit Migrationsgeschichte sind. Anschließend werden die Komplexität, Vielfalt und Widersprüche dieser Länder reduziert, bis sie in rassistische Klischees passen, sodass auch Hans-Peter* vom Jagdverein sie im Vollsuff halbwegs gut wiederholen kann. Dann werden diese Klischees auf die in Deutschland lebenden Menschen übertragen. Es wird endlos verallgemeinert und rumgepeinlicht.

Komischerweise ist das Gegenteil der Fall bei Gruppen, mit denen sich die deutsche Mehrheitsgesellschaft identifiziert: Europäischer Kolonialismus wird eben nicht als europäisches Phänomen gesehen, sondern auf die jeweiligen Länder heruntergebrochen, bevor betont wird, dass Deutschland ja halb so schlimm gewesen sei wie Frankreich oder Großbritannien … Transfeindlichkeit in den USA wird nicht als christliches Problem gesehen, obwohl sie so oft explizit mit christlichen Positionen belegt und verteidigt wird. Rassismus wird nicht als Waffe der White Supremacy verstanden, weil *weiße* Touristen ja genauso diskriminiert würden, wenn sie im Urlaub den Touri-Preis für Schuhe zahlen, nur weil sie *weiß* (und mehrfach reicher als die Lokalbevölkerung) sind.

Natürlich passieren in manchen mehrheitlich muslimischen Ländern schreckliche Dinge, und manchmal werden sie sogar mit Islam begründet. Wissen wir alle. Es ist aber schwer zu beschrei-

* Ich hab mich immer gefragt, warum die alle Hans-Peter, Hans-Jürgen u. ä. heißen, aber nie Peter-Hans oder Jürgen-Hans. Falls wer das erklären kann, now is your time to shine.

ben, wie lächerlich und absurd es ist, jede negative Sache, egal wie klein oder groß, herauszupicken, unters Vergrößerungsglas zu zerren und dann zu antimuslimischem Einheitsbrei zu verrenken, während »die muslimische Welt« als monolithisch, unveränderbar und auf alle Muslim:innen übertragbar behandelt wird.

Damit ihr es wenigstens im Ansatz versteht, machen wir jetzt ein kleines Gedankenexperiment: Da die meisten nichtmuslimischen Leute in Deutschland christlich aufgewachsen sind, stellen wir uns vor, die »christliche Welt« würde genauso konstruiert, pauschalisiert und aufgehypt werden wie die muslimische.

Wichtig: Das wird kein Whataboutism* und keine Ablenkung, sondern nur eine Hilfestellung für euch, durch diese Analogie die abgefuckte Logik hinter dem Einheitsbrei der ach so »unzivilisierten muslimischen Welt« zu erkennen.

Es wird wahrscheinlich unangenehm zu lesen sein, aber that's the point: Versucht bitte einmal im Leben einen Bruchteil dessen auszuhalten, was Muslim:innen tagtäglich aushalten müssen, weil wir seit Jahrhunderten nonstop als Einheitsbrei behandelt und uns kontinuierlich von außen Eigenschaften zugeschrieben werden. Dazu kommen strukturelle Diskriminierung, Gewalt, ständige Mikroaggressionen, historisch gewachsener Rassismus sowie komplett unterschiedliche Machtpositionen – weshalb es

* Whataboutism ist eine Art der Ablenkung, bei der man auf einen Vorwurf oder eine schwierige Frage mit einer Kontra-Anschuldigung antwortet, ganz im Sinne von »Angriff ist die beste Verteidigung«. Zum Beispiel, wenn jemand aus Berlin sagt: »München ist langweilig.« Und Leute aus München: »Haste mal Bonn gesehen? Bonn ist langweilig!« Das stimmt, macht München aber nicht besser. (PS: Immer wenn ich München disse, sagen mir Leute: »Damit machst du dir aber keine Freunde in München.« Gut so, sonst müsste ich sie IN MÜNCHEN besuchen.)

Nicht-Muslim:innen nie möglich sein wird, den Schmerz von antimuslimischem Rassimus wirklich richtig nachzuempfinden. Aber versucht mal, euch vorzustellen, wie es wäre, wenn ihr nur diesen einen kleinen Teil des Hasses aushalten müsstet. Ich werde mehrere Aspekte durchgehen und jeden davon mit Beispielen belegen. Und damit das klar ist: Die Diskriminierung und der Hass, den ihr euch vorstellen sollt, beziehen sich auf alle christlich sozialisierten oder als christlich gesehenen Menschen – egal ob sie eigentlich atheistisch sind. Wer Michael oder Jana heißt, wird in diesen Topf geworfen.

Los gehts:

Erstmal einige Fakten zur christlichen Welt: In vielen Teilen der USA sind Abtreibungen extrem eingegrenzt.

Und zwar so sehr, dass *vergewaltigte 10- und 11-jährige Mädchen schon mehrfach gezwungen wurden, die Kinder ihrer Vergewaltiger auf die Welt zu bringen und eine Schwarze Frau wegen Totschlags angeklagt wurde, weil ihr in den Bauch geschossen wurde, während sie schwanger war. In Norwegen hat ein christlicher Terrorist 77 Menschen ermordet, um als Kreuzritter Europa vor der »Islamisierung« zu retten. *In Südafrika sind homosexuelle und Transmenschen Morden, Folter »korrektiven« Vergewaltigungen ausgesetzt, weil sie »unafrikanisch und unchristlich« seien.

Jetzt stellt euch vor, die meisten Menschen wüssten nicht, dass dies Extremfälle sind, die auch die Menschen in den USA, Norwegen und Südafrika geschockt haben. Stellt euch vor, das wären die einzigen Infos, die Leute über »die christliche Welt« so mitbekommen. Das Bild von rückständigen, blutrünstigen Christen verfestigt sich.

In der Zentralafrikanischen Republik wurden noch im Jahr 2015 Frauen, die als Hexen diffamiert wurden, von christlichen

Milizen* in öffentlichen Zeremonien lebend begraben oder auf dem Scheiterhaufen verbrannt.[1] Die gleichen Milizen haben über 95 % der Moscheen des Landes zerstört[2] und 99 % der muslimischen Menschen aus Bangui vertrieben oder ermordet.[3]

Die christliche »Widerstandsarmee des Herrn« (LRA), die einen Staat basierend auf den 10 Geboten errichten will, hat bis jetzt mehr als 60 000–100 000 Kinder Ugandas entführt[4] *und missbraucht sie als Vergewaltigungssklav:innen oder Kindersoldat:innen. Bisher haben sie mehr als 100 000 weitere Menschen[5] hingerichtet, zahllose gefoltert, verstümmelt – und sie machen weiter.

In den 90ern arbeiteten serbische Soldaten und Milizen eng mit der serbisch-orthodoxen Kirche zusammen und ließen sich ihre Gewehre von Priestern segnen, bevor sie damit Bosniak:innen (Muslim:innen) ermordeten und einen Genozid an ihnen verübten.[6] Die Mehrheit der Serb:innen leugnet den Genozid noch immer – oder feiert ihn.[7]

Stellt euch vor, ihr als deutsche Menschen, die nichts mit diesen Kriegsverbrechen zu tun habt, seid deshalb Vorurteilen über blutrünstige Christ:innen, die »heiligen Krieg« führen wollen, ausgesetzt. Stellt euch vor, ihr werdet auf Partys, in Jobinterviews und im Freundeskreis aufgefordert, euch von LRA, Anti-Balaka oder Großserbien zu distanzieren. Ständig wird eure Community generalisiert und verdächtigt. Und wenn es euch zu viel wird und ihr euch zu selbstbewusst gegen antichristliche Hetze einsetzt,

* Ich habe hier Anti-Balaka-Verbrechen angegeben, weil es sich um christliche Milizen handelt. Bitte holt euch aber weitere Infos zum komplexen Krieg in der ZAR, von wahren Expert:innen und nicht von mir oder random Leuten, die mal zwei Wochen da waren oder die sich allen Ernstes »Afrika-Experte« nennen. Am besten auf Englisch, denn die deutschsprachigen Reportagen, die ich zum Thema sah, sind absoluter Mist.

dann werdet ihr diffamiert als Anhänger:innen des »Christismus« und Genozid-Sympathisant:innen.

In Spanien hat ein kriminelles Netzwerk von Nonnen und Ärzt:innen bis zu 300 000 Babys nach der Geburt von ihren Müttern gestohlen, unter anderem weil die Mütter als moralisch und wirtschaftlich defizient angesehen wurden.[8] Das lief seit der Franco-Diktatur in den Dreißigern bis in die Neunzigerjahre. Also junge Spanier:innen, die gerade in den 20ern sind, wurden als Babys gestohlen, verkauft und kennen ihre biologischen Eltern nicht.

Christ:innen kidnappten und misshandelten während des europäischen Kolonialismus und damit verbundener Genozide indigene Kinder auf jedem Kontinent der Welt außer in der Antarktis – wobei Kolonialismus mehr als 500 Jahre dauerte und erst vor wenigen Jahren »endete«*. Das waren staatlich geförderte Verbrechen.

Jetzt stellt euch vor, jede politische Gruppe von deutschen Christ:innen, auch wenn es eine progressive Partei ist oder eine Initiative, die gegen antichristliche Hetze kämpft, würde als »christistisch« diffamiert oder mit »politischem Christentum« in Verbindung gebracht und oft vom Verfassungsschutz ausspioniert. Auch progressive christliche Menschen, die mal bei einer Lesung der Evangelischen Journalistenschule im Publikum saßen, oder zur Studienzeit ein Stipendium der CDU-nahen Konrad-Adenauer-Stiftung erhielten, würden als »Anhänger:innen des Christismus« diffamiert. Fast jeder Verein würde unter Generalverdacht gestellt und ihm würden riesige Assoziationsketten von Kontakt-

* Grüße aus den Teilen »Frankreichs« und »Großbritanniens«, die mitten im Pazifik oder in Südamerika sind. Und besondere Grüße aus den Städten »Spaniens«, die in Afrika sind und an deren Grenzen Flüchtlinge sterben.

schuld angekreidet, bis Solidarität und Zusammenarbeit kaum mehr möglich wären. Denn: Du kannst doch nicht mit denen zusammenarbeiten – sie haben vor sieben Jahren eine Podiumsdiskussion mit einer Person gemacht, deren Bruder bei einer Firma arbeitet, deren Chef in einem Restaurant essen geht, dessen Inhaber sich nicht von Anti-Balaka-Gruppen distanzierte. Christisten!

Denkt darüber nach, wie ihr euch fühlen würdet, wenn die meisten Menschen denken würden, der explizit christliche Ku-Klux-Klan, der Tausende Schwarze Menschen in den USA lynchte, würde noch immer als repräsentativ gelten – und zwar nicht nur für alle christlichen US-Amerikaner:innen, sondern für *alle* Christ:innen weltweit – also auch für euch Unbeteiligte, Tausende Kilometer weit weg. Und dass auch die krass rassistische und antisemitische US-amerikanische Westboro Baptist Church, die trauernde Familien auf Beerdigungen ermordeter Schulkinder belästigt, eben keine Randgruppe, sondern repräsentativ für Christ:innen überall auf der Welt ist. Und die Hassgruppen, die vor Abtreibungskliniken stehen, um die Patient:innen und das Personal zu belästigen und anzuspucken, die schon mehrmals tödliche Terrorangriffe auf Kliniken verübten – die auch. Neben dem ständigen Zwang, euch zu rechtfertigen und zu distanzieren, müsstet ihr immerzu Beleidigungen und »Witze« aushalten.

In den Philippinen sind Scheidungen noch immer illegal – außer natürlich für muslimische Menschen, die dank der Scharia schon immer das Recht hatten, sich scheiden zu lassen. Jetzt vergleicht das mit Saudi-Arabien, dem einzigen muslimischen Land, in dem Frauen bis vor fünf Jahren nicht Auto fahren durften. Das wurde rauf- und runtererzählt, füllte endlose Artikel und Talkshows und wurde als Beleg für die Rückständigkeit aller Muslim:innen weltweit genutzt. Bei dem Beispiel der Philippinen ist das nicht der Fall, darüber wird so gut wie gar nicht berichtet, dabei ist es viel gefährlicher, wenn Menschen sich nicht scheiden lassen dürfen und daher keinen Ausweg aus gewaltvollen Ehen haben.

Alle genannten Beispiele sind nur ein kleiner Teil des Grauens, das direkt mit Christentum begründet wurde/wird oder damit verbunden war/ist. Jetzt stellt euch vor, wenn ich noch Verbrechen und andere negative Beispiele dazupacken würde, die nicht mit der Bibel oder der Religionsausübung begründet werden, aber in christlichen Ländern passieren. Oder Gräueltaten und schlimme Aussagen einzelner Christ:innen, sogar christlicher Grundschulkinder – wie es in deutschen Medien getan wird, wenn es um Muslim:innen geht. Dann würde all das vermischt, ohne Rücksicht auf die Vielfalt, die Unterschiede und Komplexität dieser mehrheitlich christlichen Länder. Ohne Verständnis dafür, dass viele dieser Dinge auch in den jeweiligen Ländern als falsch und erschreckend angesehen und bekämpft werden. Ohne Rücksicht darauf, dass Randgruppen eben nur Randgruppen sind und dass viele der drakonischen Gesetze erst durch Kolonialisierung aufgezwungen wurden.

Deshalb: Seid euch bewusst, dass das, was ihr als »muslimische Welt« und »der Islam« zusammenfasst, verallgemeinert und bewertet, meist gar nicht zusammengefasst werden kann.

Wenn in Diskussionen über die Kirchensteuer nicht erwähnt wird, dass in El Salvador nicht »nur« Abtreibungen, sondern auch Fehlgeburten zu Gefängnisstrafen führen können, wieso kommen dann in so vielen Diskussionen über Berliner Schüler:innen Hinweise auf Dinge, die in anderen Ländern passieren, beispielsweise Frauenrechte in Saudi-Arabien oder Anschläge in den USA? Es ist entlarvend, dass hier Menschen, die nichts miteinander zu tun haben außer ihrer Religion, als eine einheitliche Gruppe behandelt werden. Und oft haben sie nicht mal die Religion gänzlich gemeinsam, weil sich zum Beispiel die Regierungen Saudi-Arabiens und des Irans abgrundtief hassen und auch total unterschiedliche Auslegungen von Islam haben. Bei Diskussionen über Islam oder Muslim:innen sollte nicht jeder Funken Negatives aus verschiedenen Ländern und Communities herausgepickt und zusammengeworfen werden, als wäre dieses Mischmasch »die muslimische Welt« und als wäre Islam immer die Begründung für alles, was hier als fremd und negativ empfunden wird.

Und auch wenn eine Person aus einem bestimmten Land kommt, ist das kein Grund, Probleme dieses Landes auf sie zu übertragen. Die weltweite sexualisierte Gewalt an Kindern, die durch Priester verübt und durch die katholische Kirche systematisch vertuscht und gedeckt wurde und wird, passiert auch in Deutschland. Hier waren Transmenschen noch bis 2011 gezwungen, sich einer Sterilisierung zu unterziehen, um einen Ausweis mit neuem Namen und Geschlechtseintrag zu bekommen. Und christlich-konservative Bundestagsabgeordnete, die noch 1997 gegen die Strafbarkeit von Ver**waltigungen in der Ehe stimmten, gehören weiterhin zu den führenden Politiker:innen des Landes – und freuen sich, wenn diese ach so rückständigen, frauenfeindlichen Muslim:innen in Kriegsgebiete abgeschoben werden.

Nichts davon ist die Schuld »einfacher« deutscher Menschen. Dasselbe gilt auch für muslimische Menschen.

Zusammengefasst: »Die muslimische Welt« ist kein Einheitsbrei. »Der Islam« wird überall anders gelebt. »Distanzierst du dich von …?« ist purer Rassismus. Muslim:innen können komplett unabhängig von ihrem Glauben schlechte oder gute Menschen sein. Verbindungen zwischen random Muslim:innen und Taten anderer sollten nicht gezogen oder suggeriert werden. So was entlarvt nicht die vermeintliche Rückständigkeit der Beschriebenen, sondern den Rassismus der Beschreibenden.

Begriffe, die falsch verstanden oder falsch dargestellt werden

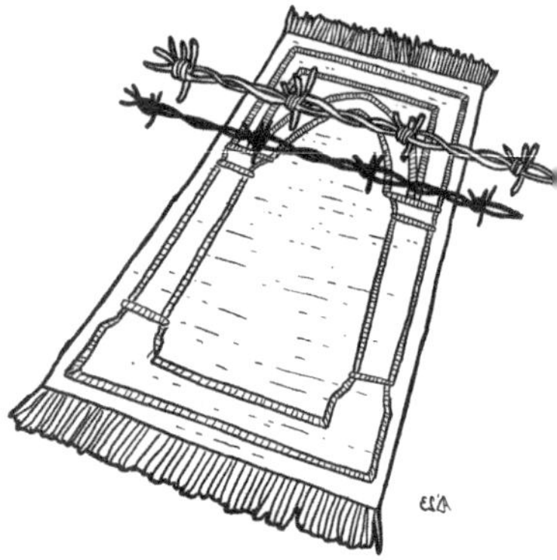

Es ist sehr wichtig, genau zu verstehen, worüber überhaupt geredet wird. Erstens weil – na hallo, logisch! Und zweitens weil Rechtsradikale und antimuslimische Rassist:innen oft mehr Informationen über Islam haben als die meisten anderen nicht muslimischen Leute – und sogar mehr als manche muslimischen, denn Rassist:innen »kennen« mittlerweile islamische Begriffe, die sogar vielen Muslim:innen nichts sagen. Das liegt daran, dass Muslim:innen eines der zentralen Hassobjekte rechtsradikaler und rassistischer Ideologien und Ideolog:innen sind und diese dementsprechend so viel antimuslimische Propaganda verbreiten, wie sie nur können. Leider wird in Diskussionen oft nicht erkannt, dass die meisten dieser »Informationen« die Wirklichkeit verzerren oder komplett falsch sind.

Zum Beispiel erinnert ihr euch vielleicht an das bereits erwähnte islamische Konzept der »Taqiyya«. Es bedeutet, dass es keine Sünde wäre, bei Morddrohungen und Todesangst so zu tun, als ob man den Islam verlässt. Denn islamische Prinzipien an sich sind meist ganz rational und chillig, und wenn Muslim:innen bedroht werden, ist es erlaubt zu sagen: »O.k., Alter, ich konvertiere, komm runter«, statt ermordet zu werden. Das ist eine nachvollziehbare und gute Regel. Doch rassistische Aasgeier haben sie so verzerrt, dass Taqiyya in ihren Ideologien bedeutet, Muslim:innen würden immer lügen und auch der nette muslimische

Nachbar oder die tolle muslimische Kollegin wären gar keine netten, tollen Menschen, sondern blutrünstige Terrorsympathisant:innen, die nur lügen und sich verstellen (also Taqiyya betreiben), bis der richtige Zeitpunkt kommt, um ihr »wahres« Gesicht zu zeigen und »Ungläubige« zu ermorden.

Da hilft nichts – egal wie viele gute, freundliche Muslim:innen solche Leute kennenlernen, sie sehen diese einfach als lügende, tickende Zeitbomben, die nur darauf warten, Klein Eckernwalde zu islamisieren.

Muslim:innen werden konstant verdächtigt, hinterfragt und zu Distanzierungen gezwungen – für Dinge, für die von anderen Menschen niemals Distanzierungen erwartet werden oder auch komplett grundlos. Und wenn wir uns brechen lassen, erniedrigen und wirklich erklären, dann wird uns nicht geglaubt, denn wir betreiben ja nur Taqiyya. Muslim:innen, die problematische Ansichten haben, werden auf diese reduziert, und das Problem wird aufgeblasen. Und Muslim:innen, die keine problematischen Dinge tun, werden als Taqiyya betreibende Lügner dargestellt, als »Anhänger des politischen Islams«, die sich weltoffen geben, um als Trojaner des »Islamismus« die Gesellschaft zu unterwandern.

Also: Wenn ihr nicht ganz genau wisst und versteht, worüber ihr redet, könnt ihr nicht argumentieren, erkennt keine Lügen, seid rassistischen Pestknödeln ausgeliefert und tanzt nach ihrer Pfeife, ob ihr möchtet oder nicht.

Ich kann mich noch gut daran erinnern, wie ich vor über zehn Jahren mal kurz in Deutschland war. An einem Abend schaltete ich den Fernseher an und war geschockt von einer sehr rassistischen Talkshow – damals wusste ich ja noch nicht, dass solche Grässlichkeiten im deutschen Fernsehen fast in Dauerschleife laufen. Eine selbst ernannte »Islamexpertin« wollte beweisen, dass die »muslimische Welt« rückständig ist und sagte, sinngemäß: »Ich habe den Koran gelesen, ich habe die Suren gelesen, und ich habe die Ayete gelesen – ich weiß, wovon ich rede!«

Suren sind einzelne Gebete, quasi Kapitel des Kur'an. Ein Ayet ist ein Satz. Sie sagte also: »Ich habe das Buch gelesen, habe die Kapitel gelesen und die Sätze auch!« Das ist eine komplett sinnlose Aussage, und ich merkte, dass sie bewusst islamische Begriffe verwendete, um so zu tun, als hätte sie ganz viel Fachwissen zum Thema. Ein kleiner Trick, aber für Mitdiskutierende und Zuschauende, die wenig Ahnung vom Islam haben, hatte sie ihren vermeintlichen Expertinnenstatus bestätigt. Und die Tatsache, dass dies keinem Menschen in der Redaktion oder in der Diskussionsrunde auffiel, ist auch ein Armutszeugnis. Keine der eingeladenen Personen wusste also, was ein Ayet oder eine Sura sind – und sie fanden sich trotzdem kompetent genug, vor einem Millionenpublikum über »den Islam« zu urteilen. Autsch!

Deshalb: Lernt die Basics – und am besten auch noch viel mehr. Also lasst uns starten.

Dschihad/Jihad

Jihad wird fast immer als Synonym für »heiliger Krieg« benutzt, bedeutet aber einfach nur Anstrengung, Bemühung, Kampf. Es gibt viele Arten des Jihads und null davon bedeuten »heiliger Krieg« oder Terrorismus. Der wichtigste Jihad ist der innere Jihad: der Kampf, die Anstrengung, nicht zu sündigen und nach den Glaubensregeln zu leben. Es gibt auch den Jihad/Kampf für eine gute Gesellschaft oder den Jihad/Kampf, Versuchungen zu widerstehen. Also ist Chips zu widerstehen ein Jihad, den ich gerade verloren habe. Nur eine einzige Art von Jihad darf mit Waffen ausgefochten werden: Selbstverteidigung. Schade, denn wenn ich Chipspackungen einfach wegbomben könnte, wäre dieser Kampf viel leichter zu gewinnen.

Und weil ausschließlich Selbstverteidigung einen bewaffneten Kampf erlaubt, stellen Terrorgruppen ihre Angriffe als Selbstverteidigung dar. Wenn ihr mal an den Kern der Sache geht und euch Rekrutierungs-»Argumente« von Terrororganisationen anseht, dann geht es da natürlich meist nicht um noch immer undefinierte »europäische Werte« oder andere vage Peinlichkeiten, die die Politik und Medien als vermeintlichen Terror-Grund etabliert haben. Nein, es geht oft um Militäreinsätze westlicher Länder in muslimischen Ländern, um Drohnenmorde, Rassismus oder Genozide an Muslim:innen. Das ist sehr wichtig zu verstehen, denn der effektivste Kampf gegen Terrorismus ist der Kampf gegen Militärgewalt, Genozide und Rassismus – nur so wird Terrororganisationen die Basis für ihr Selbstverteidigungsframing und somit die Rechtfertigung für bewaffneten Kampf genommen. Ausreden wie »Unsere Werte« lenken ab, interessieren keinen Menschen und ziehen die Gräben noch tiefer. Außerdem ist es peinlich zu unterstellen, dass »Freiheit«, »Menschenrechte« und Ähnliches nur »unsere« oder nur europäische Werte wären, während der Rest der Welt unzivilisierte Monster wären. Als ob Menschen in Mexiko oder Thailand Freiheit hassen.

Und: Auf diese Weise wird ein inexistenter Gegensatz zwischen »uns« und »ihnen«, zwischen europäisch und muslimisch konstruiert – obwohl Europa schon seit Jahrhunderten auch muslimisch ist – von Andalusien über den »Balkan« bis zum Kaukasus.

Fatwa

Viele Menschen denken, Fatwa wäre eine Todesstrafe gegen »Ungläubige«, dabei ist es nur eine Antwort oder Meinung islamischer Gelehrter zu einem bestimmten Thema, basierend auf der Kenntnis und Interpretation islamischer Quellen. Es gibt Fatwas zu fast allen möglichen Themen. Logischerweise gibt es daher Fatwas, mit denen creepy Gruppen versuchen, Islam zu missbrauchen und Mist zu bauen, genauso wie Fatwas, die super sind. Zum Beispiel ist Indonesien Weltmeister bei Fatwas zu Natur- und Tierschutz. Indonesischen Gelehrten ist es zu verdanken, dass destruktive Bergbaupraktiken als haram, also strikt verboten gelten – genauso wie Aktivitäten, die gefährdeten Tierarten schaden. Und in Bosnien hat der Rat der Muftis schon vor fast 15 Jahren eine Fatwa veröffentlicht, die daran erinnert, dass jede Art von Gewalt gegen Menschen aufgrund ihrer sexuellen Orientierung verboten ist.

Eine meiner Lieblingsfatwas beantwortet die jahrzehntelang heiß diskutierte Frage: In welche Richtung sollen muslimische Astronaut:innen beten, wenn sie gerade nicht auf der Erde sind? Als der erste Astronaut aus Malaysia ins Weltall reiste, organisierte die malaysische Weltraumagentur eine Konferenz mit über 150 Gelehrten und Wissenschaftler:innen, um Regeln für Weltraum-Gebete festzulegen.[1] Das daraus resultierende Dokument beinhaltet auf Dutzenden Seiten überraschend viele Wendungen und Komplikationen. Am Ende besagt es, muslimische Astronaut:innen sollen Richtung Ka'ba (in Mekka) beten und falls das nicht geht, dann sollte die Projektion der Ka'ba genutzt werden. Falls das nicht möglich ist, dann Richtung Erde, und falls auch das nicht klappt: wohin auch immer.[2]

Ich finde es etwas unbeschreiblich Schönes, wenn ein Dokument, das von über 150 Expert:innen durchgegrübelt wurde, einfach mit »wo auch immer« endet. Natürlich sind nicht alle Fatwas so wunderschön wie diese, aber gleich alle Fatwas als ominöse »Todesurteile« zu beleidigen, verfälscht sie und ist rassistisch und schlichtweg gelogen.

Islamisch vs. muslimisch

Muslimisch bezieht sich auf Menschen islamischen Glaubens sowie Dinge, die mit diesen Menschen zu tun haben (also zum Beispiel muslimische Journalist:innen, Bands oder Vereine). Islamisch hingegen bezieht sich auf den Glauben selbst (zum Beispiel islamische Prinzipien, islamische Feiertage oder Gebete). Wie bereits erwähnt, ist das auch einer der Gründe, warum es besser ist, »antimuslimischer Rassismus« zu sagen oder zu schreiben und nicht »Islamophobie« – diesen Hatern geht es darum, Menschen zu hassen und zu unterdrücken, nicht um theologische Kritik.

Das beste Beispiel, um den Unterschied zwischen islamisch und muslimisch zu verstehen, ist eine Einteilung, die manchmal unter Feminist:innen gemacht wird. Manche Feminist:innen verstehen unter islamischem Feminismus einen theologisch fundierten Feminismus, welcher gegen geschlechtsspezifische Unterdrückung kämpft, indem er im Kur'an, in Hadisi (Hadithen) (Zitate des Propheten Muhammed a. s.) oder in anderen relevanten Quellen nach religiösen Begründungen für feministische Positionen sucht.

Wenn zum Beispiel eine Regierung das Eherecht so reformieren will, dass es große Nachteile für Frauen bringen würde, sagen islamische Feminist:innen: »Moment mal, das ist unislamisch! Im Kur'an steht ganz klar, dass xy erlaubt ist!«

Muslimische Feminist:innen hingegen begründen ihren Kampf

nicht theologisch, stellen aber ihre muslimische Identität und die damit einhergehenden gesellschaftlichen Marginalisierungen ins Zentrum ihres Feminismus. Sie verfolgen also einen intersektionalen Ansatz, der Feminismus und Antirassismus verbindet.

Hinzu kommen noch Feminist:innen, die zwar muslimisch sind, dies aber nicht als zentralen Teil ihres Aktivismus sehen, zum Beispiel weil sie aus mehrheitlich muslimischen Ländern sind und es deshalb nicht nötig finden, diesen Teil ihrer Identität extra zu benennen. Die Übergänge zwischen islamischen und muslimischen Feminist:innen sind oft fließend. Manche Personen identifizieren sich als beides, und oft arbeiten sie zusammen.

Scharia

Oft wird über die Scharia berichtet, als wäre sie eine Sammlung einheitlicher, strikter und rückständiger Gesetze. Sie wird auch oft mit Steinigungen oder anderen veralteten Strafmethoden gleichgesetzt. Solche Extrembeispiele sind komplett unrepräsentativ – sowohl für die überwiegende Mehrheit der Muslim:innen und ihre Länder als auch für die Scharia selbst. Scharia umfasst sehr diverse Lebensbereiche, unter anderem Ehe-, Familien- und Erbrecht. Sie ist kein Ersatz für das Zivilrecht, sondern ein Weg für muslimische Menschen, ihre Leben leichter nach der Ethik ihres Glaubens zu richten. Und es gibt keine einheitlichen Scharia-Regeln, geschweige denn so was wie ein für alle verbindliches Scharia-Buch.

Zudem kann Scharia positiv und stärkend sein: Wie gesagt, in den Philippinen sind wegen des dortigen Christentums Scheidungen verboten. Außer für Muslim:innen deren Eheleben durch Scharia geregelt und somit chilliger ist als christliche Eheregeln.

Es stimmt, dass in einigen muslimischen Ländern bestimmte Gruppen oder sogar Regierungen aggressive und veraltete Interpretationen der Scharia nutzen. Aber das ist nicht die Art und Weise, in der die meisten Muslim:innen Scharia verstehen oder praktizieren. Und das Gleiche kann man für andere Religionen sagen: Nur weil Polen wegen des Christentums Abtreibungen verbietet, heißt das nicht, dass alle Christen weltweit und die Religion an sich schlimm sind.

Beispielsweise verbinde ich Scharia eher mit islamischen Hochzeiten in Moscheen, bei denen Menschen die frisch gestylte Frisur mit 'nem Kopftuch plattdrücken, danach zur nicht religiösen Feier weiterfahren und sich gegenseitig tröstend anlügen, die sowieso totlackierten Haare würden noch immer gut aussehen. Und all das schreiend, teilweise weil bosnische Volksmusik so laut ist und teilweise aus Verzweiflung. Stellt euch vor, wie komisch es für mich ist, wenn Scharia als Horror-Handhackerei generalisiert wird. Und: Hochdiverse muslimische Länder und ihre hochdiversen Auslegungen der Scharia dürfen genauso wenig in einen Topf geworfen werden, wie zum Beispiel christliche, afrikanische, hinduistische oder asiatische Länder.

Islamisierung

Bevor ich über den Begriff »Islamisierung« an sich schreibe, möchte ich kurz die oft genutzte Phrase »stille Islamisierung« erklären. Damit wird ausgedrückt, dass muslimische Leute heimlich, Stück für Stück, das »Abendland« zerstören würden. Das Konzept einer »stillen Islamisierung« ist extrapeinlich und auch wieder vollkommen falsch.

Erstens: Dieses Konzept wird genutzt, um jeden Vorstoß in

Richtung Gleichberechtigung als Versuch darzustellen, Nichtmuslim:innen auszulöschen. Neue Moschee? Stille Islamisierung. Freihaben an Bajram? Stille Islamisierung. Kein Schweinefleisch in einer einzigen Kita in Berlin-Prenzlauer Berg, wo sowieso haufenweise vegane Eltern leben? Stille Veganislamisierung.

Zweitens: Wie können sich Leute über laute muslimische Hochzeiten, laute muslimische Gebetsrufe, laute muslimische Leute allgemein beschweren – und dann von »stiller Islamisierung« faseln?

Wenn wir wirklich islamisieren, dann machen wir's richtig – mit Trommeln, Chören und sing-schreienden marokkanischen Omis, die dieses coole Loo-Loo-Loo-Weee-Ding mit den Zungen machen – wisst ihr was ich meine? Wenn Bajram mal endlich Feiertag wird, dann merken es alle – glaubt mir. Nix »still«.

Nun zur »klassischen« Islamisierung. Islamisierung ist eins dieser veralteten, rassistischen Konzepte, welches schon so oft und so lange recycelt wurde, dass es mittlerweile fast schon mehr peinlich als rassistisch ist. Wenn es als rassistischer Lügenhaufen entlarvt und ausgelacht wird, dann ändern die Verschwörungsknechte einfach den Namen oder ein paar Details und tun so, als wären sie nicht mehr peinlich – bis das Ganze von vorne anfängt.

»Islamisierung« ist nur der neueste Tarnanzug des neonazistischen Verschwörungsmythos des »*Weißen* Genozids« (oder auch »Großer Umtausch«, »Umvolkung«), in dem behauptet wird, dass Muslim:innen und andere gehasste Menschengruppen mit der Unterstützung jüdischer Eliten strategisch organisiert in »*weiße* Länder« ziehen, um durch ganz viel Immigration und ganz viele Geburten die Mehrheit im Land zu werden und *weißen* Leuten die Chefposition zu klauen – was sie schon als Genozid empfinden.

Ich erkläre nun mit höchst präzisen, wissenschaftlich fundierten Argumenten, warum diese Theorie falsch ist:

- Wir haben Besseres zu tun.
- Wenn ich schon irgendein Land klauen wollte, dann eins mit geilem Wetter.
- Ihr habt nichma Palmen.
- Den Verlust der absoluten Macht (wenn es überhaupt so wäre) mit Genozid gleichzusetzen ist Genozidrelativierung (dazu später noch mehr).
- Die Gruppen, die vermeintliche »Umvolkung« betreiben, sind kein minderwertiger Einheitsbrei. Selbst wenn es in Deutschland irgendwann weniger als 50 % *Weiß*deutsche geben würde, würden sich die restlichen 50 % auf sehr diverse Communities verteilen und wären keine homogene Gruppe.
- Was wäre denn so schlimm daran, eine Minderheit zu sein? Ich dachte, all das Gerede über Diskriminierung wäre nur dauerempörtes Opfergetue mit Rassismuskeulen? Also geben Rassist:innen zu, dass es Unterdrückung gibt und dass sie scheiße ist?
- Diese ganze Verschwörungstheorie ist Täter-Opfer-Umkehr: Im Gegensatz zu diesen Hirngespinsten ist Kolonialismus real. Bevölkerungsgruppen wurden und werden wirklich durch »Fremde« ausgelöscht – aber nicht durch Migration, sondern durch koloniale Invasionen und Genozide. Und ausgerechnet *weiße* Amis und Französ:innen führen nun die Diskussion um »Umvolkung« an.

Es ist aber nicht zum Lachen: Eines der berüchtigtsten Monster des 20. Jahrhunderts, der damalige Präsident Serbiens slobodan milošević, nutzte genau diesen Verschwörungsmythos. In seinen

Kampagnen wurde behauptet, Kosovo-Albaner würden einen Genozid gegen Serben verüben, indem sie mehr Kinder haben. Das Resultat der Hetze ist ja bekannt: Mindestens 13 500 Tote allein in seinem Krieg gegen Kosovo.[3]

»*Weißer* Genozid« wurde 2010 dann umbenannt in »Grande Replacement«. Dieser Begriff wurde von einem französischen Verschwörungsarsch popularisiert. Da wurde einfach das Wort »Juden« mit »Eliten« ausgewechselt, ums salonfähiger für die *vermeintlich* nicht mehr antisemitische *weiß*europäische Gesellschaft zu machen. Und voilà – schon müssen wir von vorne über diesen lächerlichen Mist reden.

Um zu verstehen, was für ein begnadeter Denker dahintersteckt: Frankreich hat bei der »Eroberung« Algeriens rund eine Million Menschen, also ein Drittel der damaligen Bevölkerung, ermordet, und beim antikolonialen Unabhängigkeitskrieg starben weitere 1,5 Millionen Menschen.[4] Frankreich hat die halbe Welt kolonisiert, versklavt und mehrere Genozide verübt. Frankreich hat Haiti bis in die 70er-Jahre gezwungen, »Reparationen« zu zahlen, weil sich die Bevölkerung »erdreistet« hat, sich von französischer Sklaverei freizukämpfen. Es hat tödliche Nuklearwaffentests in Kolonien durchgeführt und okkupiert noch immer mehrere Territorien am anderen Ende der Welt und mitten im Pazifik.

Und der Typ nennt Immigrant:innen, die nach Frankreich ziehen »Kolonisatoren« und »Okkupatoren«.

Ich wünschte, ich könnte Kotz-Emojis ins Buch einfügen, aber wie ihr ja merkt, bin ich zu professionell und seriös für so was.

Auch kotzmagnetisch ist die Scheinheiligkeit, mit der solche Kackstreifen Antisemitismus und jüdische Menschen missbrauchen, um gegen muslimische zu hetzen. Dieser Franzose hat sogar 'ne riesige rassistische Demo gegen »Umvolkung« organisiert unter dem Motto »Nein zu Antisemitismus«. Will der uns verarschen? Erst mal durch antisemitische Verschwörungsmythen inspirieren lassen und dann so tun, als sei er dagegen. Dann »Importierter Antisemitismus« schreien, als hätte es nicht mehrere Jahrhunderte von Vertreibungen, Pogromen und Genoziden gegen jüdische Europäer:innen gegeben, vor allem in den christlichen Teilen Europas. Und »judeo-christliches Europa«, als ob ein riesiger Teil Südeuropas nicht seit Jahrhunderten muslimisch wäre. Bitte achtet darauf, dass Antisemitismus, genau wie Sexismus und Homophobie, oft rassistisch konnotiert ist, weil sie missbraucht werden, um eine vermeintliche muslimische »Rückständigkeit« zu konstruieren. So viel zu den führenden Wiederkäuer:innen der Theorie der »Islamisierung«. In Deutschland sind es Identitäre, AfD und die anderen üblichen Verdächtigen. Besonders besorgniserregend ist jedoch, dass auch viele Medien wie *Der Spiegel, ARD* und *ZDF* dazu beitragen. Wäre dieses unkreative Dauerrecycling und Normalisieren nicht so gefährlich, rassistisch und antisemitisch, wäre es einfach nur lächerlich.

Was wird unsichtbar gemacht?

Genauso wie manchmal rassistische Implikationen zwischen den Zeilen mitschwingen, obwohl sie gar nicht explizit erwähnt werden, kann auch die Erwähnung bestimmter Dinge dazu führen, dass andere unsichtbar gemacht werden. Dies geschieht, wie ich euch nun an konkreten Beispielen zeigen werde, unter anderem durch falsche Begründungen, Passivkonstruktionen, Euphemismen und natürlich auch einfach durch Verschweigen beziehungsweise Ignorieren.

Falsche Begründungen

Schauen wir uns erst mal einige beispielhafte Schlagzeilen an, bei denen es noch nicht spezifisch um antimuslimischen Rassismus geht, anhand derer sich aber das Problem der falschen Begründungen zum Einstieg anschaulich erklären lässt:

»Tötete Frau, weil sie ihn ablehnte.« Solche Sätze sind subtiles Victim-Blaming. Es wird ein Grund dafür angegeben, warum eine Frau ermordet wurde, aber statt dass Misogynie und andere Faktoren genannt werden, heißt es »weil *sie* ihn ablehnte«. Die Frau ist also schuld, dass sie ermordet wurde. Ich weiß, dass das nicht die Absicht der meisten Journalist:innen ist, wenn sie solche

Headlines schreiben, aber Absicht und Resultat sind zwei verschiedene Sachen und eine solche Headline ist einfach scheiße – egal ob mit Absicht oder ohne. Das entschuldigt es nicht und ist auf seine eigene Weise schlimm, wenn Redaktionen diese Implikation gar nicht auffällt.

»Geschlagen, weil sie ihre Ehefrau umarmte.« Sie wurde nicht angegriffen, weil sie eine andere Person umarmte, sondern weil eine homophobe, LGBTQ-feindliche Person ihre Aggressionen nicht kontrollieren kann oder will. Die Ursache der Gewalt liegt also auch hier nicht bei den Personen, die die Gewalt erfahren, sondern bei den Personen, die die Gewalt ausüben.

»Absolvierte Studium, obwohl er blind ist.« Blindheit mindert nicht das Talent, das eine Person für ihr Studienfach hat – oder den Fleiß. Die Hürde ist also nicht das Blindsein, sondern die gesellschaftlich verankerte Behindertenfeindlichkeit, durch die blinden und anderen behinderten Studis kontinuierlich Steine in den Weg gelegt werden, beispielsweise in Form von Uni-Gebäuden ohne Rampen und voller Barrieren, Diskriminierung bei der Praktikumssuche, Lehrkräften, die blinden Studis nicht erlauben, Vorlesungen aufzunehmen, und vielem mehr.

Was in solchen Schlagzeilen benannt werden sollte sind: Femizid, LGBTQ-Feindlichkeit und Behindertenfeindlichkeit. Das sind riesige gesellschaftliche Probleme, und trotzdem könnte man in jeder deutschen Einkaufsstraße rumfragen und merken, dass die Mehrheit der Menschen nicht mal weiß, was das Wort »Femizid« bedeutet. Durch solche Formulierungen werden große gesellschaftliche Probleme aus der Wahrnehmung gelöscht. Statt Unterstützung gibt's Unterschätzung: viele Menschen wissen nicht, wie unglaublich stark, weitverbreitet und normalisiert diese Probleme sind. Das hat reale, negative Konsequenzen für Aktivist:innen, NGOs, marginalisierte Menschen und die Gesellschaft als Ganzes.

Mit den gerade genannten Beispielen im Hinterkopf, könnt ihr nun hoffentlich verstehen, was ich meine, wenn ich folgendes Beispiel kritisiere:

»Wegen Kopftuch ermordet« Ähnliches schrieben viele deutsche Redaktionen, als sie an den Mord an Marwa El-Sherbini erinnerten. Marwa wurde auf einem Dresdner Spielplatz rassistisch angegriffen, zeigte den bekennenden Neonazi an und wurde dann, während der Verhandlung, im Gerichtssaal erstochen, während die Polizei – natürlich – auf ihren Mann schoss.

Sie wurde also nicht wegen ihres Kopftuchs ermordet, sondern wegen der gesellschaftlichen Verwahrlosung und jahrzehntelangen Verharmlosung von Rassismus, die dazu führt, dass ein Mensch dermaßen radikalisiert wird, dass er Muslim:innen hasst, nicht genug Widerspruch oder sogar Zuspruch von seinem Umfeld erhält, bis er Gewaltfantasien entwickelt, sich aufgrund bisheriger fehlender Konsequenzen für Rassismus sicher genug fühlt, eine Mutter und ihr Kind auf einem Spielplatz aufzusuchen, anzugreifen und unbestraft davonzukommen, und dann von ihrem Widerstand so erbost ist, dass er ein 18 Zentimeter langes Küchenmesser ins Gericht mitnimmt und schließlich vor den Augen ihres dreijährigen Sohnes auf die schwangere Marwa und ihren Mann einsticht, während die immer wieder durch Rechtsradikalismus-Skandale auffallende deutsche Polizei auf ihren Ehemann schießt, weil sie wohl »intuitiv« Gefahr von ihm vermutete.

Oder kurz: »wegen Rassismus«.

Ich weiß, dass Schlagzeilen kurz sein müssen, aber das ist absolut keine legitime Ausrede, Victim Blaming zu betreiben und Rassismus und andere Gewaltformen unsichtbar zu machen. Es kostet nichts und passt auch in kurze Schlagzeilen, Rassismus und die Schuld der Täter:innen zu benennen. Natürlich dienen journalistische Schlagzeilen hier nur als Beispiel, denn auch in der Alltagssprache ist es besser, präzise Formulierungen zu wählen, die nichts verdecken oder kleinreden.

Wenn muslimische Personen rassistisch angegriffen werden, ist es nicht »wegen des Kopftuchs«, »weil er beten wollte« oder Ähnliches, sondern wegen Rassismus. Es ist keine »Ausländerfeindlichkeit«, keine »Fremdenfeindlichkeit«, sondern antimuslimischer Rassismus. Was uns schon zum nächsten Thema bringt: Euphemismen.

Euphemismen

Euphemismen sind Begriffe, die Sachen schöner, harmloser und milder beschreiben, als sie es in der Realität sind. Die kann man nutzen, um den Chef als »reizend« statt »kotzreizend« darzustellen. Aber in bestimmten Situationen haben sie nichts zu suchen, da sie ja per Definition verharmlosend und beschönigend sind und somit verzerrend.

Genozid Die bei Weitem gefährlichsten Euphemismen sind »alternative« Begriffe für Genozid. Genozide sind eben Genozide und keine »ethnischen Säuberungen«, »Katastrophen« oder »Massaker«. Alle anderen Begriffe sind automatisch Genozidrelativierung. Und diese ist nicht »nur« strafbar, sondern auch ein massiver bitch move. Sogar der im deutschsprachigen Raum genutzte Begriff »Völkermord«, der eigentlich ein Synonym für Genozid ist, sollte nicht genutzt werden. Er impliziert, dass es bei Genoziden ausschließlich um Morde gehen würde, weshalb viele fälschlicherweise denken, dass Genozide, die beispielsweise durch massenhafte Zwangssterilisierungen verübt werden, keine sind. Mehr dazu im Kapitel »Genozid«.

»Ausländerfeindlichkeit« und »Fremdenfeindlichkeit« Neonazis sind das krasseste Siffloch des deutschen Rassismus – und die Konkurrenz ist ja bekanntlich hart. Doch sogar Neonazis arbeiten mit Leuten zusammen, die ausländisch sind. Deutsche Neonazis, kroatische Neonazis, sogar polnische Neonazis, die aus irgendeinem geschichtsvergessenen Grund existieren: Sie alle haben ihre Netzwerke, besuchen sich, planen Aktionen.

Es geht rassistischen und rechtsradikalen Fäkalschakalen nicht darum, blonde Leute aus der Schweiz zu hassen, sonst wäre alice weidel nicht da, wo sie jetzt ist. Wenn wir also von »Ausländerfeindlichkeit« oder »Fremdenfeindlichkeit« reden, dann machen wir das wahre Problem unsichtbar: Rassismus. Deshalb muss Rassismus immer klar benannt werden, statt die Perspektive der Hater:innen einzunehmen, die diese Menschen als ausländisch oder als fremd ansehen, obwohl sie Deutsche sind. Und sehr wichtig ist außerdem: Auch wenn sie keine Deutschen sind, haben sie das Recht darauf, nicht rassistisch angegriffen zu werden. Rassismus bleibt Rassismus, egal ob er sich gegen Immigrant:innen, Flüchtlinge oder random nicht *weiße* Touris, die 'ne Woche durch Berlin spazieren, richtet.

In diesem Zusammenhang stellt sich auch die Frage, welche Menschen überhaupt als ausländisch wahrgenommen werden. Vergleicht Schweizer:innen oder Französ:innen beispielsweise mit Mesut Özil. Özil wurde ja mehrmals rassistisch angegriffen. Oft schrieben Medien in dem Kontext von »Ausländerfeindlichkeit«. Özil wurde in Deutschland geboren, seine Eltern auch. Sogar seine Großeltern verbrachten einen Großteil ihres Lebens hier. Er ist kein Ausländer. Und wenn seine Großeltern aus Frankreich wären statt aus der Türkei, würde das nicht so laufen – zumindest nicht, wenn sie *weiße* Französ:innen wären. Ab wann sind Deutsche also deutsch? Was macht Deutsche deutsch? Benennt Rassismus.

»Rückführung« statt Abschiebung In beunruhigend vielen Fällen gehen die Menschen nicht »zurück«. Unter anderem weil sie in Deutschland geboren oder aufgewachsen sind und das Land, in das sie »zurück« sollen, kaum oder überhaupt nicht kennen. Oder weil ihre Heimatstädte dermaßen zerstört oder gefährlich sind, dass sie in andere Regionen ziehen müssen und gar nicht »zurück« können. Sie werden also gezwungen an Orte »zurückzukehren«, die sie häufig gar nicht kennen und in denen sie gar nicht sein wollen. Auch die Phrase »freiwillige Ausreise« ist nicht »nur« verharmlosend, sondern schlichtweg falsch. Wer schon mal was mit der Ausländerbehörde zu tun hatte (aus migrantischer Perspektive), weiß genau, dass da kaum etwas je »freiwillig« läuft, sondern Menschen vor die »Wahl« gestellt werden, abgeschoben zu werden und auf den Kosten des eigenen Abschiebe-Traumas sitzen zu bleiben oder eben mit »Hilfe« verschiedener Druckmethoden »freiwillig« das Land zu verlassen. Wenn es um eine einzelne Person geht, die beteuert, dass sie wirklich das Land verlassen möchte – klar, dann kann das Wort »freiwillig« genutzt werden. Das Wort »Ausreise« klingt jedoch eher nach dem Beginn eines Ballermann-Urlaubs als nach dauerhafter Emigration aus einem Land. Und für Gruppen von mehreren Personen, deren Motivationen nicht bekannt sind, ist »freiwillige Ausreise«

immer falsch–dabei ist auch völlig egal, dass es in Statistiken und Berichten so bezeichnet wird. Behördendeutsch darf nicht mit Wahrheit verwechselt werden. Wie praktisch, dass der Staat ausgerechnet diese verharmlosende, verzerrende Sprache verwendet.

»Konflikt« Oft werden Kriege und sogar Genozide als »Konflikte« verharmlost. Auf einer Skala von 1 bis ARD-Talk Shows, wie realitätsfern müssen Leute eigentlich für so was sein? Als ob die Verharmlosung nicht schlimm genug wäre, ist es bestenfalls ein In-Schutz-nehmen der angreifenden Seite, da ihre Hauptschuld nicht benannt wird. Und schlimmstenfalls ist es sogar Victim Blaming. Es ist sehr leicht, sich gegen »jede Gewalt« auszusprechen, »alle Seiten« zu kritisieren und billigen Applaus von ahnungslosen Leuten abzuholen. Aber die Wahrheit ist, dass jeder Krieg mit dem Angriff einer Seite beginnt, der eine Gewaltspirale in Gang setzt – und es immer eine Seite gibt, die gezielt und gewollt viel mehr Menschen ermordet als die andere. »Konflikt« klingt, als hätte Sabine wieder euren Pudding aus der WG-Küche geklaut, und nicht nach einem Angriff einer Armee oder Miliz auf um ihr Leben fürchtende Menschen.

Zu explizit antimuslimischem Rassismus wird eine solche Darstellungsweise zum Beispiel, wenn sie die Propagandamythen antimuslimischer Regimes bestätigt, die fast immer behaupten, muslimische Zivilist:innen seien Terrorist:innen und müssten deshalb unter Kontrolle gebracht, sprich: abgeschlachtet werden. Insbesondere im Zusammenhang mit den Genoziden an bosnischen Muslim:innen hat der Begriff »Konflikt« nichts zu suchen. Nehmen wir als Beispiel den letzten Genozid gegen bosnische Muslim:innen, der von 1992 bis 1996 dauerte. Als er anfing, war Bosnien zwar schon ein unabhängiges, international anerkanntes Land, hatte aber noch keine Armee. Anfangs wurde also in vielen Orten keine einzige Kugel auf die angreifenden Monster abgeschossen.

• Als Bosniaken in Višegrad lebend verbrannt wurden, in Prijedor in Konzentrationslager deportiert wurden, in Foča in Ver**-waltigungslager verschleppt und in zahllosen Dörfern brutal massakriert wurden: Wer waren hier bitte die Konfliktseiten? Waren die ermordeten Babys und Kinder in Biljani, Doboj, in zahllosen ausgelöschten Orten etwa im »Konflikt« mit miloševićs bewaffneten Soldat:innen und deren lokalen serbischen Kollaborateur:innen? Meine Fresse, Leute, denkt doch bitte darüber nach, was ihr redet, vor allem wenn es um Genozide und Kriege geht!

Passivkonstruktionen: Passivkonstruktionen sind nicht zwingend schlecht, ihnen ist jedoch inhärent, dass sie unklar und vage bleiben, da nicht deutlich benannt wird, wer oder was die im Satz beschriebene Aktivität ausübt. Deshalb solltet ihr euch überlegen, ob das in euren konkreten Fällen o. k. ist oder nicht.

Ich geb euch mal ein Beispiel mit mehreren Levels:

»Während der Belagerung Sarajevos starben über 1600 Kinder.«

Sie starben nicht, sie wurden ermordet.

Doch auch »wurden« ist zu passiv, da es die Täter versteckt und somit in Schutz nimmt. Richtig ist:

»Während der Belagerung Sarajevos ermordeten serbische Nationalist:innen über 1600 Kinder.«

Verschweigen/Weglassen

Oft werden in Diskussionen sowie in Medienbeiträgen und politischen Reden riesige Teile des Kontexts oder wichtige Zusatzinformationen einfach weggelassen. Überlegt sehr gut, ob es etwas Wichtiges/Relevantes gibt, das ihr oder eure Mitdiskutierenden nicht erwähnt habt.

Wenn zum Beispiel erklärt wird, dass Deutschland keine Flüchtlinge aufnehmen kann, mit dem hochintellektuellen Argument: »Das Boot ist voll«, könnte das kontextualisiert werden, indem deutlich gemacht wird, dass die überwiegende Mehrheit der Flüchtlinge weltweit in ihren eigenen oder in den umliegenden Ländern leben, nicht in Deutschland. Oder wenn über Terrorismus geredet wird, ist es wichtig zu wissen, dass der größte Teil der Terroropfer weltweit muslimisch ist, und dass die tödlichste Art des Terrors in Deutschland sowie in ganz Europa rechter Terrorismus ist (siehe NSU, Hanau, München, Halle sowie zahllose Brandanschläge in den letzten Jahren).

Außerdem darf nie unerwähnt bleiben, dass die größten Terrorist:innen Europas nicht muslimisch oder geflüchtet sind, sondern die zwei *weißen*, europäischen Christen radovan karadžić und ratko mladić – verurteilt unter anderem wegen Terror gegen die Zivilbevölkerung Sarajevos[1], bei dem über 11500 Menschen ermordet wurden[2]. Und dazu noch vier Jahre Genozid und Krieg, bei dem über 100000 Menschen starben.[3] Nicht vergessen sollte man dabei auch, dass die überwiegende Mehrheit ihrer Opfer muslimisch war.

Das ist nur ein Beispiel dafür, wie durch das Weglassen/Verschweigen von Fakten gesellschaftliche Diskussionen komplett verzerrt werden.

Es kann sogar so weit gehen, dass es zu Genozidleugnung

führt: Oft wird der letzte Genozid an Bosniaken auf Srebrenica reduziert. Dies führt zu solch absurden Sätzen wie »Wegen Srebrenica: Serbischer Politiker karadžić zu lebenslanger Haft verurteilt«. Das Höllenmonster wurde verurteilt wegen Srebrenica UND Sarajevo UND vielem mehr, und ist mitverantwortlich für den gesamten Genozid in jedem Quadratmeter Bosniens. Mehr dazu im Kapitel zu Genoziden.

Doppelte Standards, doppelter Rassismus

Es gibt Begriffe und Phrasen, die ausschließlich für Islam und muslimische Personen und Gruppen verwendet werden. Obwohl solch doppelte Standards eigentlich ziemlich offensichtlich rassistisch sind, wird dies häufig nicht erkannt.

Deshalb hier einige Beispiele:

Mehrheitlich muslimische Länder

Doppelte Standards, die für mehrheitlich muslimische Länder gelten, können entweder auf menschenverachtenden Ideologien, antimuslimischem Rassismus oder anderen Rassismen basieren sowie auf einer Mischung daraus. Unfair und peinlich sind sie in all diesen Fällen.

Deshalb seid bitte sehr kritisch, wenn im Zusammenhang mit mehrheitlich muslimischen Ländern andere Maßstäbe und Begriffe angewandt werden als für nicht muslimisch wahrgenommene Länder. Warum sind bestimmte Gruppen Terrorgruppen, andere Milizen oder Paramilitärs? Warum bestimmte Politiker:innen autokratisch, andere gleich Diktator:innen? Warum sind vergleichbar gewaltvolle Bewegungen, je nach Land, entweder Massenproteste oder Ausschreitungen?

Mehr dazu im nächsten Kapitel, doch hier noch ein besonders wichtiges Beispiel:

Viele Deutsche nennen eine sogar von al-Qaida gehasste und abgelehnte terroristische Randgruppe[1] problemlos »Islamischer *Staat*«, aber beim international sowie von Deutschland anerkannten, unabhängigen Staat Kosovo weigern sich die gleichen Leute oft, Kosovo als »Staat« zu bezeichnen.

Egal, ob direkte Leugnung der Staatlichkeit oder als Ignoranz getarnter Rassismus: Wäre Kosovo kein Staat, wären Millionen Albaner:innen tot. Die Unabhängigkeit und Staatlichkeit Kosovos zu hinterfragen, zu leugnen oder als »umstritten« abzutun, um keine Position beziehen zu müssen, widerspricht deutschen Gesetzen, die Kosovo sehr wohl als unabhängigen Staat anerkennen – Leute müssen sich also richtig Mühe geben, um dermaßen scheiße zu sein.

Weiteres Beispiel: Durch den Genozid an Bosniaken (bosnische Muslim:innen) 1992–1996 gibt es nun einen Teil Bosniens, aus dem fast alle Bosniak:innen und andere Nicht-Serb:innen vertrieben oder ermordet wurden – die sogenannte »Republika Srpska«. Es ist eine Entität Bosniens, wird aber von deutschen Journalist:innen konsequent »Teilrepublik« genannt. Das ist nicht nur peinliche Inkompetenz, sondern gefährlich. Egal wie oft wir Expert:innen es erklären, immer wieder wird die RS »Teilrepublik« genannt – und bekommt damit einen rechtlich viel höheren Status, was natürlich dem separatistischen Genozid-Fanclub in die blutigen Hände spielt. Nun stellt euch vor, Medien würden irgendein Neonazi-Dorf in Sachsen konsequent als »Staat« bezeichnen oder die Nazi-Selbstbezeichnung »National befreite Zone« nutzen – das würde den Faschos Macht geben und sie legitimieren. Und, wie wir alle wissen, NRW ist auch keine Präfektur, Provinz oder Kanton, sondern ein Bundesland. Und Kackenwalde an der Hoppe ein Dorf, kein Staat. Genauso wie RS eben eine Entität ist.

So was kann an extremer Ignoranz und journalistischer Inkompetenz liegen. Daran mangelt es unter meinen Kolleg:innen leider nicht, da sie oft einfach voneinander abschreiben und Fehler in Dauerschleife reproduzieren. Es kann aber auch an serbischem Nationalismus liegen (den ja auch nicht serbische Menschen vertreten). Und es kann sich um versteckten oder unterbewussten antimuslimischen Rassismus handeln, wodurch mehrheitlich muslimische Staaten in Europa als »unnatürlich« empfunden und bekämpft werden.

Die Weigerung, mehrheitlich muslimische Staaten und Regionen als gleichwertigen Teil Europas anzuerkennen, ist eindeutig nachzuverfolgen in der Geschichte Bosniens, Albaniens, Kosovos, des Sandžaks, der Türkei, des Kaukasus und vieler anderer Orte. Die Weigerung, muslimische Leben als gleich wertvoll anzusehen, zeigt sich an den Außengrenzen der EU, zahlreichen Genoziden, Brandanschlägen und rechtem Terrorismus. Sie zeigt sich auch daran, dass es indigene, europäische muslimische Völker gibt, etwa Adyge (Tscherkess:innen) und Krimtatar:innen, deren schmerzvolle Geschichten und beinahe vollständige Ausrottung kaum Beachtung finden.

Oder, wenn wir länger in der Geschichte zurückgehen, an der Inquisition und den Kreuzzügen.

Die Vision des »Christlichen Europas« führt seit Jahrhunderten zu Genoziden gegen muslimische und jüdische Europäer:innen.

Ich könnte ein ganzes weiteres Buch dazu schreiben, doch ich beende es mit deutlichen Sätzen, bevor ich wieder zu genervt werde: Deutschland, Großbritannien, Frankreich und andere reiche westeuropäische Staaten sind nicht die Richter darüber, wer »wirklich« oder »richtig« europäisch ist. Islam gehört zu Europa, länger als Deutschland oder Frankreich überhaupt existieren – von Andalusien über den »Balkan« bis zum Kaukasus. »Europäische Werte« sind peinlich und imaginär. Der Begriff »Judeo-christliches Europa« verkennt die jahrhundertelange Vernichtungsgeschichte gegen europäisches Judentum und schließt das muslimische Europa aus. Und egal wie viele Genozide es noch geben wird – muslimisches Leben wird immer Teil Europas bleiben.

Islamismus, politischer Islam

»Islamistisch« bedeutet nicht automatisch »radikale Terrorist:innen, die *»unsere Werte«* hassen und uns randomly ermorden wollen«. »Islamismus« oder »politischer Islam« beschreibt eine vielfältige Ansammlung dermaßen unterschiedlicher Ideologien und Bewegungen, dass es problematisch ist, sie überhaupt unter einem Begriff zusammenzufassen. Im Kern bedeuten »Islamismus« und »politischer Islam« islamisch inspirierte Politik oder stehen für den Wunsch, die Gesellschaft nach islamischen Prinzipien auszurichten – und das kann alles von harmlosen muslimischen Parteien bis zu gefährlichen Terrorgruppen abdecken. Wobei »Islamismus« meist für den gewaltvollen, scheißigeren Teil gedacht ist und »politischer Islam« alles Mögliche bedeuten kann.

Übertragen auf das Christentum wären die CDU/CSU also Anhänger:innen des politischen Christentums oder »Christismus«, wenn man mit allen Religionsgemeinschaften gleich umgehen würde. Auch fundamentalistisch-christliche Terrorist:innen, die mordende Widerstandsarmee des Herrn (LRA) in Uganda, oder wegen Genozid und Verbrechen gegen die Menschlichkeit verurteilte Massenmörder wie karadžić wären Anhänger:innen des politischen Christentums. Natürlich sind die CDU und der Ku-Klux-Klan nicht das Gleiche – aber bei muslimischen politischen Organisationen werden ja durch die Nutzung des problematischen Sammelbegriffs »politischer Islam« beziehungsweise des kackdreist inkorrekten Begriffs »Islamismus« auch kaum Differenzierungen gemacht. Statt präzise und differenzierte Begriffe für sehr unterschiedliche Ideologien und Gruppen zu nutzen, wird einfach »politischer Islam« oder »Islamismus« draufgeklatscht, was alle muslimischen Menschen diffamiert. Und: Solche Begriffe werden ausschließlich für Muslim:innen genutzt – »Christismus« oder ähnliche Bezeichnungen gibt es nicht, deshalb habt ihr dieses Wort auch wahrscheinlich zum ersten Mal in diesem Buch gelesen. Sogar progressive Muslim:innen oder islamische Feminist:innen, die Feminismus theologisch begründen, können Anhänger:innen des politischen Islam sein (sie machen ja vom Islam inspirierte Politik) – werden aber in den gleichen Topf mit Terrorgruppen geworfen. Und dadurch, dass viele Islam und Islamismus gleichsetzen, sind in dem Topf sowieso einfach alle Muslim:innen.

Stellt euch vor, wir würden auch alle folgenden Menschengruppen gleichsetzen: Menschen, die christlich inspirierte Politik machen oder wählen, gläubige jedoch säkuläre Christ:innen, konservative Christ:innen, ultrakonservative Christ:innen, christliche Fundamentalist:innen, christliche Extremist:innen, christliche Terrorist:innen, christliche Kriegsverbrecher:innen und Völkermörder:innen, die ihre Handlungen christlich begründen.

Dann würden wir all dies »Christismus« nennen, und voilà – eine CDU wählende Omi wäre plötzlich auf der gleichen Stufe wie joseph kony, dessen »Widerstandsarmee des Herrn« Hunderttausende Menschen und Kinder ermordet, ver**waltigt oder zu einem Leben als Kindersoldat:innen gezwungen hat, mit dem Ziel, einen auf den zehn Geboten basierenden christlichen Staat zu errichten. Klingt übertrieben? Genau das passiert muslimischen Menschen, wenn sie gezwungen werden, sich von »Islamismus« zu distanzieren oder gleich »islamistisch« genannt werden, ohne Distanzierungs»option«.

Denn beim Wort »Islamismus« denken die meisten erst mal an al-Qaida oder andere Terrorgruppen. Eine Person kann schlimme politische Einstellungen haben, quasi eine muslimische Version der CDU unterstützen – aber das ist noch immer meilenweit entfernt von Terrorismus. Deshalb nutzt präzise Begriffe. Wenn's bei Christ:innen funktioniert, dann sollte es doch auch bei Muslim:innen kein Problem sein.

Selbst wenn Menschen eine uncoole Art streng religiös inspirierter Politik befürworten, wie es nicht wenige CDU/CSU-Mitglieder tun, dann haben sie noch immer ein Recht darauf – komischerweise und leider, is aber so. Meinungen zu haben ist nicht illegal, auch wenn diese Scheiße sind. Wenn bestimmte Aussagen diskriminierend oder gefährlich sind, dann muss genau das angesprochen und bekämpft werden, statt einfach ein »Islamismus«-Label draufzuklatschen, welches nichts zum Verständnis der genauen Ideologien beiträgt, aber viel zu Rassismus.

Ich persönlich würde auch »christdemokratische« Parteien verbieten, weil WTF soll dat in 'nem säkulären Staat? Aber wenn CDU/CSU erlaubt sind, dann sollte auch eine islamische, eine hinduistische, eine jüdische, eine buddhistische Parteiversion erlaubt sein und nicht sofort in einen Topf mit Extremismus geworfen und kriminalisiert werden. Ich kann Knecht Unrecht seehofer oder seine muslimische Version trotzdem hassen, ihr auch. Aber mit Präzision – dann ist's sowieso besser.

Genauso, wie seehofer oder merkel nicht mit karadžić gleichzusetzen sind, sind auch muslimische politische Organisationen nicht automatisch das Gleiche wie al-Qaida. Ja, es gibt Extremist:innen und Terrorgruppen, die ihren Mist mit Islam begründen – genau wie in anderen Religionen. Das sollte aber präzise als Extremismus benannt werden, statt durch Begriffe wie »Christismus«, »Judentumismus« oder das leider wirklich existierende »Islamismus« Milliarden Menschen in den Dreck zu ziehen.

Fragt euch immer, worüber ihr genau redet. Redet ihr einfach über gläubige Menschen? Dann lasst sie mit kackdreist rassistischen Begriffen in Ruhe. Und spielt die Religionszugehörigkeit überhaupt eine Rolle für das, was ihr über eine Person sagen wollt? Redet ihr über eine muslimische Person oder Gruppe, dann fragt euch: Welchen Begriff würde ich nutzen, wenn diese Person christlich wäre? Ist sie ultrakonservativ oder nur konservativ? Extremistisch? Oder hab ich einfach ein persönliches Problem mit ihr und versuche es irgendwie politisch zu verpacken, um mehr Leute gegen sie aufzuhetzen?

Hat sie bestimmte politische Einstellungen, unterstützt Parteien oder Vereine, die Religion politisch auslegen oder Politik religiös? Falls ja, inspiriert ihre Religion positive politische Einstellungen, wie bei Martin Luther King Jr. oder Desmond Tutu? Unterstützt sie einen progressiven Verein/Partei? Oder ist der Verein konservativ auf dem Niveau der CDU, schlimm auf PiS-Niveau oder ist es eine Partei, die in Kriegsverbrechen verwickelt ist, wie mehrere kroatische und andere christliche Parteien?

Kroatische Christ:innen, die verurteilte Kriegsverbrecher als Helden feiern und diese Mörder stolz umarmen, sitzen oder saßen im EU-Parlament und werden nicht mal zur Rede gestellt – aber euer Nachbar Halil wird als »Islamist« diffamiert, nur weil er 'nen Bart hat. Und nein, ich übertreibe leider nicht: Es ist schon vielen muslimischen Männern passiert, dass sie ausgefragt werden, sich von xy distanzieren müssen, weil ihre Mitarbeitenden,

Nachbar:innen oder sonst wer wegen eines simplen Barts »besorgt« sind. Ganz viele Scheißigkeitspunkte in Flensburg und Entzug des Freundschaftsscheins.

Von ganz normalen Menschen bis zu Mörder:innen – all diese Dinge müssen differenziert werden. Genau das passiert beim Begriff »Islamismus« eben nicht.

»Gemäßigte Muslim:innen«

Was soll »gemäßigte Muslim:innen« überhaupt heißen? Es gibt in jeder Religion sehr gläubige und weniger gläubige, konservative und weniger konservative Menschen. Einzig und allein bei Muslim:innen wird der Begriff »gemäßigt« benutzt, als müssten wir kontrolliert, zurückgehalten und gemäßigt werden – und falls das nicht passiert, bricht unser wahres, unzivilisiertes »Ich« aus?

Diese Wortkonstruktion impliziert: Nur gemäßigte Muslim:innen sind gute Muslim:innen. Je ungläubiger, desto besser. Je weniger muslimisch, desto besser.

Außerdem darf konservativ sein kein Privileg sein. Andere Religionsgemeinschaften dürfen offen konservativ sein, sogar in christlichen Parteien organisiert das Land regieren (CDU/CSU). Aber wenn muslimische Leute konservativ sind, gelten sie gleich als »islamistisch«, »radikal« oder »Terrorsympathisant:innen«. Besonders falsch ist dieser Vorwurf, wenn er an muslimische Minderheiten gerichtet wird, die von Daesh, al-Qaida und Co. ermordet und verfolgt werden. Dann handelt es sich dabei nicht »nur« um Rassismus, sondern auch um klassisches Victim Blaming oder Täter-Opfer-Umkehr.

Der sogenannte IS ist eine dermaßen extreme Randgruppe von Beleidigungsmagneten, dass sogar die Hirnmangeljockel von al-Qaida sich von ihnen distanzieren, mit der Begründung, der IS würde »die Grenzen des Extremismus«[2] überschreiten. Es gibt fast zwei Milliarden Muslim:innen auf der Welt, und sogar die winzige Minderheit, die bei al-Qaida ist, findet die winzige Minderheit der IS-Gifthirne zum Kotzen.

Also: Warum werden Muslim:innen gedrängt, sich von allem und jedem und al-Qaida sein Onkel zu distanzieren, aber Christen müssen nicht mal wissen, wer karadžić oder kony überhaupt sind? Warum werden Muslim:innen gleich als »islamistisch« diffamiert, weil sie vor zwölf Jahren mit der Tante des Onkels der Kindergärtnerin einer fragwürdigen Person Eis essen waren, aber Nichtmuslim:innen können zum Beispiel jahrelang in der Katholischen Journalistenschule geschult werden, Mitglied einer christlichen Partei sein oder ein Stipendium einer christlichen Stiftung erhalten – werden aber niemals, auch nur mit einem Wort beschuldigt, dem »politischen Christentum« oder »Christismus« anzugehören oder – um noch deutlicher zu werden – Kinderschändung, Kolonialismus und christliche Kriegsverbrechen zu befürworten. Sehr viele, vielleicht sogar fast alle, Organisationen haben Dreck am Stecken – egal ob Religionsgemeinden, Unternehmen oder Vereine. Ideologische Perfektion ist unerreichbar, wird aber fast ausschließlich von muslimischen und anderen rassifizierten Menschen gefordert.

Ein weiteres Beispiel: Von muslimischen Menschen wird erwartet und gefordert, sich voll und ganz nicht konservativen Positionen zu unterwerfen – und zwar Positionen, die nicht mal unter *Weiß*deutschen Konsens sind.

Das gilt nicht nur für konservative, sondern auch für diskriminierende Ansichten. Wenn Muslim:innen homophobe Positionen haben, wird dies nicht genau so benannt, sondern es wird stattdessen direkt wieder das Label »islamistisch« oder extremistisch draufgeklatscht. Die damalige Bundeskanzlerin sowie große Teile der CDU/CSU hingegen dürfen gegen die »Ehe für alle« stimmen und werden nicht als christistisch oder extremistisch beschimpft – noch nicht mal als homophob.

Zu diesen offensichtlichen Doppelstandards kommt noch etwas Weiteres hinzu: Wer sofort auf rassistische Terror- und »Islamismus«-Diffamierungen anspringt, in Situationen, in denen es eigentlich um Homophobie oder andere Diskriminierungsformen geht, macht diese unsichtbar und somit schwerer zu bekämpfen.

Also: gemäßigte Muslim:innen ist falsch. Und aus den gleichen Gründen ist auch »radikale Muslim:innen« oder »radikale Islamist:innen« falsch.

Islamkritik

Theoretisch könnte es hier um eine theologische Kritik am Islam, eine Form der Religionskritik gehen. Aber Hand aufs Herz: Wir wissen doch alle, dass das, was in Deutschland als »Islamkritik« durchgeht, einfach purer antimuslimischer Rassismus ist. Warum macht kein Mensch Karriere als »Christentumkritiker:in«, »Judentumkritiker:in« oder »Hinduismuskritiker:in«? Wenn eine Person irgendwelche verzerrten Statistiken über *Muslim:innen* auspackt, um vermeintliche Rückständigkeit oder Kriminalität von *Muslim:innen* zu beweisen und gegen *Muslim:innen* zu hetzen, dann geht es ihr nicht um Islam, sondern um, ratet mal: Muslim:innen. Es ist keine theologische Kritik, sondern Rassismus.

Das Gleiche gilt übrigens für »Asylkritik«: Asyl ist ein Menschenrecht. Und ja, diesen Leuten ist's bestimmt nicht zu peinlich, Menschenrechte zu kritisieren – aber es geht ihnen in Wahrheit um die Menschen selbst, nicht um deren Rechte. Viele der Leute, die gegen Flüchtlinge hetzen, schlagen in Diskussionen um den Asylsuchenden Edward Snowden oder ethnisch deutsche Immigrant:innen ganz andere Töne ein.

Als Alternativen für die Begriffe »Islam-« und »Asylkritiker:innen« kann man einfach Rassist:innen, Hassprediger:innen oder rassistische Hassprediger:innen nutzen.

Das wäre 'ne nice Ironie, denn »Hassprediger:innen« ist auch so ein offensichtlich rassistisches Wort, das ausschließlich für muslimische Personen genutzt wird. Oder predigen frauenfeindliche katholische Priester, hinduistische Extremist:innen oder zu Genozid anstiftende buddhistische Mönche keinen Hass, sondern Friede, Freude und Schokokuchen?

Hey, Pippi Langstrumpf

Ich werde euch nun am Beispiel von Kriminalität erklären, wie anders, willkürlich und oft falsch Kategorisierung und Assoziationsketten als Teil von Framing funktionieren, wenn es um muslimische Personen, Gruppen oder sogar Staaten geht. Fangen wir mit Assoziationsketten an.

Assoziationsketten

Othering führt zur Bildung (un)bewusster Assoziationsketten. Um zu verstehen, wie gefährlich diese sein können, analysiere ich ein besonders deutliches Beispiel.

linksunten.indymedia.org war eine linke Plattform, auf der Menschen Nachrichten, Demoberichte und andere relevanten Infos teilen konnten. Die Seite wurde als so weit links eingestuft, dass sie 2017 vom damaligen Innenminister als »kriminelle Vereinigung« deklariert und verboten wurde, weshalb sie für immer offline gestellt wurde.

Einige Jahre vor dem Verbot, während der Flüchtlings-Demos am Berliner Oranienplatz, wurde dort ein Text über eine Straftat im Rahmen der Demos veröffentlicht.

* Eine Frau berichtete über sexualisierte Gewalt. Sie selbst war Deutsche und aus Solidarität mit den demonstrierenden Flücht-

lingen bei den Demos anwesend. Sie schrieb bei linksunten.indymedia, dass sie vergewaltigt wurde. Erst gab es in den Kommentaren mehrere typische rechte Strohmann-Sprüche wie, sinngemäß: »Man darf doch wohl über vergewaltigende Flüchtlinge reden, ohne gleich Rassist genannt zu werden.«

Dann berichteten mehrere Medien darüber. So schrieb zum Beispiel die *Berliner Zeitung* von einer »mutmaßlichen Vergewaltigung einer Aktivistin durch einen ausländischen Campbewohner«[1]. Und die *Bild* forderte in einem typisch unerträglichen Text, in dem jeder Satz kritikwürdig ist: »Schluss mit der Sozial-Romantik!«[2], denn »mindestens drei Frauen sollen im Camp vergewaltigt worden sein.« Schließlich drohten Politiker:innen wegen dieser Berichte mit der Räumung des Camps. Es wurde also immer schlimmer.

Und dann? Einige Tage später wurde klar: Der Vergewaltiger war kein Flüchtling, sondern ein Deutscher, der als linker Demo-Unterstützer dabei war. Der Grund, warum das Camp erwähnt wurde, war nur, dass sie ihn dort kennengelernt hatte. Lasst uns das Ganze mal genauer betrachten. Was ist hier passiert? Leute haben einen anonymen Erfahrungsbericht gelesen, in dem nie gesagt wird, der Vergewaltiger sei ein Flüchtling und in dem sogar ausdrücklich erwähnt wird, dass die Tat nicht im Camp, sondern in einer Wohnung stattfand – die Flüchtlinge aber wohnten im Camp, nicht in eigenen Wohnungen. Allein das hätte genügen sollen, um zu wissen, dass der Täter mit ziemlich großer Wahrscheinlichkeit kein Flüchtling ist. Was stattdessen geschah: Rassismus.

Allein schon dadurch, dass in einem Text über eine Straftat auch das Wort »Flüchtlingsdemo« stand, sind fast alle Lesenden sofort dazu gesprungen, Flüchtlinge als schuldig zu sehen. Einige haben auch direkt das Muslimisch-Sein des Täters herbeifantasiert. Und ab da gab es kein Halten mehr, und sie offenbarten ihre rassistischen Gedanken, indem sie auf typisch rechte Sprüche und Ideen von »rückständigen« Kulturen zurückgriffen.

Und all das, wohlgemerkt, auf einer Website, die dermaßen linksradikal war, dass der Staat sie sperren ließ. All das von Leuten, die sich als antirassistisch sehen, sich gegen jegliche Form von Diskriminierung aussprechen und Migration gegenüber sehr positiv eingestellt sind. Wenn schon unter solchen Leuten solch rassistische Gedanken auftauchen und die Oberhand gewinnen, dann stellt euch vor, was in den Köpfen von konservativen oder rechten Leuten abgeht, wenn sie solche Texte lesen. Und stellt euch vor, wie viel schlimmer und gefährlicher ihre Reaktionen sind, wenn Täter:innen auch in der Realität geflüchtet oder muslimisch sind, statt nur in der Fantasie der Lesenden?

Was das Ganze noch schlimmer macht, ist, dass diese Vorurteile in der deutschen Gesellschaft so stark sind, dass die meisten darüber berichtenden Journalist:innen nicht den Funken eines Zweifels an der ausländischen Identität des Täters hatten und sofort – ohne dass sie sich auf tatsächliche Quellen berufen konnten, ohne dass sie einen Faktencheck durchführten sowie weitere Recherche betrieben und sogar entgegen dem Hinweis, dass die Tat nicht im Camp stattfand – einfach berichteten, ein Flüchtling sei schuld.

Wichtig ist auch: Die Texte deutscher Medien, in denen von einem »ausländischen« Täter die Rede ist, sind noch immer, Jahre später, online. Ohne Korrekturhinweis. Das passiert oft: Falschmeldungen über kriminelle/gefährliche Flüchtlinge, Ausländer:innen und Muslim:innen schlagen Wellen, und wenn die Korrektur kommt, weigern die Redaktionen sich, den Beitrag zu löschen und sind noch nicht mal bereit, den Artikel entsprechend zu korrigieren oder eine Richtigstellung zu veröffentlichen. Von seriösem und ethischem Journalismus ist das so weit entfernt, dass es einfach nur peinlich ist. Aber in deutschen Redaktionen gilt zu oft: Fehlerkultur Fehlanzeige.

Und nun Hand aufs Herz: Falls ihr diesen Fall nicht schon kanntet, dachtet ihr auch, dass der Täter Flüchtling ist?

Das erinnert mich an den NSU. Polizei und Medien waren so geblendet durch Rassismus und creepy V-Männer, dass sich der NSU selbst stellen musste, damit überhaupt rauskommt, dass es Terrorismus war. Angehörige der Terroropfer sagten jahrelang, dass es sich nicht um isolierte Einzelfälle von »Clankriminalität« oder »türkischer Mafia« handelt, sondern miteinander verwobene rassistische Morde – aber ihnen wurde nicht zugehört. Das passiert bei vielen rassistischen Angriffen und Vorfällen: Die Schuld wird bei den Opfern gesucht.

Das linksunten.indymedia-Beispiel ist nur eines von vielen, welches zeigt, wie stark Assoziationen im (Unter)Bewusstsein arbeiten und welche Gefahr davon ausgeht. Das rassistische und nicht zu vergessen auch sexistische Framing von den »bösen«, »wilden«, »fremden« Männern, die »unsere« Frauen »klauen« und angreifen ist bereits Jahrhunderte alt. Auch in den letzten paar Jahren stirbt diese Idee unter rechten und rassistischen Schmalzgewebeköpfen nicht aus: Die NPD machte Wahlplakate, in denen eine blonde Frau mit den Worten »Finger weg, Nafri! Ich bin kein Freiwild« abgebildet ist, die AfD instrumentalisiert ständig die vermeintliche Angst »unserer Frauen«.

Ironischerweise vertreten die NPD und AfD natürlich alles andere als feministische Positionen, die auf Gleichberechtigung abzielen. Daher ist es zusätzlich eklig, wenn sie so tun, als ob Ihnen Frauen und ihre Rechte besonders am Herzen liegen.

Natürlich passiert so was nicht nur bei Parteien und in der Politik. Die französische Satirezeitschrift *Charlie Hebdo* stellte das tote dreijährige Flüchtlingskind Alan Kurdi als affenartigen Mann dar, der *weißen* Französinnen nachrennt, um sie zu begrapschen. Was für toller Feminismus! Wie konsequent das Magazin beim Thema Frauenrechte ist, zeigte es während des letzten anti-bosniakischen Genozids.

** Als es die Massenvergewaltigungen bosniakischer Frauen ins Lächerliche zog, indem es Vergewaltigungsopfer mit gespreizten Beinen am Boden liegend und einen grinsenden serbischen Soldaten über ihnen zeichnete. Oder einen Jungen im belagerten Sarajevo, der die abgetrennten, blutigen Leichenteile eines Kriegsopfers in einem Schaufenster sieht, auf das Geschlechtsteil des toten Mannes zeigt und »Das will ich vom Weihnachtsmann« sagt.

Bei diesen Beispielen ist sehr leicht zu erkennen, dass es bei einem solchen Framing nicht um die Rechte von Frauen oder anderen Marginalisierten geht. Ginge es um Frauenrechte, würde man gefolterte Bosniakinnen nicht erniedrigen. Aber hey: Wenn die Täter Muslime sind, sind wir für Frauenrechte. Wenn die Opfer Musliminnen sind, dann darf Satire alles.

Seid euch bitte immer der historisch gewachsenen Rassismen bewusst, die durch eure Formulierungen und Framings aufgerufen und bestärkt werden können. Vor allem, wenn diese für die Opfer des Rassismus so oft tödlich enden, wie es beim jahrhundertealten »wilde, böse Männer«-Framing der Fall ist. Gleichzeitig werden beim Framing »unsere Frauen« Frauen als Besitz behandelt und Opfer sexualisierter Gewalt und sexualisierter Kriegsverbrechen für rassistische Hetze instrumentalisiert. Und die tatsächlichen Gründe und Kontexte dieser Gewalt wieder einmal unsichtbar gemacht und verschwiegen.

Kategorisierung

Nachdem wir uns Assoziationsketten angeschaut haben, kommen wir nun dazu, wie willkürlich das Ganze bei Kategorisierungen funktioniert, wenn es um muslimische Menschen oder Themen geht. Ich werde wieder Kriminalität als Beispiel nutzen, aber es funktioniert natürlich bei anderen Themen ähnlich, also versucht mitzudenken und Parallelen zu anderen Kategorisierungen zu finden.

Eine Studie der Hochschule Macromedia[3] zeigt, dass die Herkunft mutmaßlicher Straftäter:innen vor allem dann genannt wird, wenn sie keine *Weiß*deutschen sind:

Im Fernsehen werden migrantische Tatverdächtige 19-mal häufiger erwähnt, als es ihrem statistischen Anteil bei Straftaten in der Polizeistatistik entspricht. In Zeitungen werden sie sogar 32-mal häufiger erwähnt! Wenn es aber um deutsche Täter:innen geht, wurde die Herkunft in fast keinem der untersuchten Beiträge erwähnt. Lasst das mal auf euch wirken.

Die unterschiedlichen, unfairen Maßstäbe in der Berichterstattung über Kriminalität und Herkunft sind schon fast zu einem Witz geworden.

Bei rechten Medien gehe ich davon aus, dass dies mit Absicht getan wird. Aber machen wir uns nichts vor: Auch bei anderen Medien kann es bewusst rassistische Journalist:innen geben, die dies mit Absicht tun. Es kann natürlich auch an unbewussten Vorurteilen oder fehlendem Nachdenken und Reflektieren liegen. Denn Rassismus ist – wie wir schon gesehen haben – sehr häufig keine bewusste Handlung, sondern eine *weiß*deutsche Normalität, die immer wieder reproduziert wird – zum Beispiel auch von Menschen, die über sich selbst meinen, Antirassist:innen zu sein.

Und natürlich geht es nicht nur um den Sprachgebrauch im Journalismus, sondern auch um den der Polizei, Politik, Behörden und uns allen, wenn wir beim Abendessen über die Nachrichten reden, weil die Diskussionen ja so oft und stark durch Medien geprägt werden.

Wenn zum Beispiel ein deutscher Täter eine Straftat begeht, schreiben fast alle Medien nur »Mann ersticht Nachbarn« oder etwas in der Art. Seine Nationalität wird nicht erwähnt und dementsprechend nicht hervorgehoben.

Wäre der Täter aber beispielsweise bulgarisch, würde daraus in vielen Fällen »Bulgare ersticht Nachbarn«. Interessanterweise gilt dies nicht für Menschen aus Eritrea oder anderen afrikanischen Ländern. Wenn ein Eritreer Mist baut, muss dies gleich ein ganzer Kontinent ausbaden, dann heißt es: »Afrikaner ersticht Nachbarn«.

Und wenn es sich um eine Person aus Pakistan oder Indonesien handelt, ändern sich die Regeln schon wieder. Dann würde dort nicht »Asiate ersticht Nachbarn« stehen, sondern sein Muslimischsein würde thematisiert, auch wenn es nichts mit der Tat zu tun hat. Und sollte die Redaktion es nicht tun, übernehmen halt die Lesenden den Job. Denn antimuslimischer Rassismus kann auch befeuert werden, ohne die vermeintlich muslimische Religion der Täter:innen zu erwähnen. So ist zum Beispiel »Türk:innen« in vielen rassistischen Kreisen schon seit Jahrzehnten ein Synonym für muslimische Menschen. Und auch bei vielen anderen muslimischen Ländern reicht es schon, den Namen des Landes zu erwähnen, ohne explizit auf Islam einzugehen, um jemanden als muslimisch zu markieren.

Eine Redaktion titelt zum Beispiel »Iraner erschießt Nachbarn«, und schon häufen sich in den Kommentaren antimuslimisch-rassistische Sprüche. Dass fast 40 % der in Deutschland lebenden Menschen iranischer Herkunft angeben, gar keiner Religion anzugehören, und von denen, die muslimisch sind, nur 10 % sich als sehr gläubig definieren[4], ist egal und wegen undifferenzierter Berichterstattung sowieso unbekannt. So reicht schon eine Schlagzeile über kriminelle Leute aus dem Iran, Marokko, Afghanistan, und in den Köpfen vieler Lesenden werden antimuslimisch-rassistische Muster aktiviert.

Und falls es durch die Nennung des Namens eines Landes nicht funktioniert, Muslim:innen mit Straftaten in Verbindung zu bringen, dann werden einfach zum x-ten Mal die Regeln geändert. Wenn nämlich ein Tschetschene Mist baut, ist nicht die Rede von kriminellen Europäern, nicht einmal von kriminellen Staatsbürgern Russlands*, dann ist plötzlich die Ethnizität wichtig und nicht wie bisher der Kontinent oder die Staatsbürgerschaft. Bei einer Straftäterin aus Afghanistan schreiben deutsche Medien komischerweise nicht, ob sie Hazara oder Paschtunin ist, bei einem Marokkaner nicht, ob er Amazigh oder Araber ist. Auch »Afghanin« und »Marokkaner« reicht völlig aus, um Personen als muslimisch zu markieren. »Europäer« oder »russischer Staatsbürger« hingegen nicht, also werden Journalist:innen und andere plötzlich höchst präzise und schreiben »Tschetschene«.

Wenn in deutschen Medien Straftaten von muslimischen Menschen so oft mit Muslimisch-Sein verbunden werden, warum wurde dann bei dem Mann aus Eritrea, der 2019 eine Mutter und ihr Kind vor einen Zug stieß, kein einziges Mal geschrieben »Christ stößt Kind vor Zug«? Stattdessen wurde er mehrfach

* Die besondere und schmerzvolle Geschichte Tschetscheniens ist mir natürlich bewusst, und es ist auf jeden Fall besser, diese Menschen nicht einfach »Russen« zu nennen. Doch warum gilt das nicht für andere ethnische Gruppen, die ähnlich schmerzvolle und komplexe Verhältnisse zu den Ländern haben, denen sie zugezählt werden?

in deutschen Medien als Afrikaner, Eritreer und Flüchtling beschrieben.

»Afrikaner«, »Eritreer« und »Flüchtling« haben natürlich genauso wenig mit seiner Tat zu tun wie »Christ« oder »Muslim«, also ist es umso interessanter zu sehen, welche Identitätsmerkmale herausgepickt werden.

Durch die nationalistische und rassistische Zuordnung wird subtil eine Begründung für die Tat in den Medien unterstellt, die sich dann in den Gehirnen festsetzt. Warum wird nicht auch Musiker, Lehrer, Schalke-Fan geschrieben? Weil nicht deutsche Herkunft und nicht christliche Religion eine klare Abgrenzung von der Mehrheitsgesellschaft ermöglichen und als perfekte Projektionsfläche für rassistisches Othering dienen. Auf diese Weise werden ganze Gesellschaftsgruppen kriminalisiert, während die Gruppe der christlichen *Weiß*deutschen am effektivsten normalisiert und als gut dargestellt wird. Anders als beim Eritreer, der als Afrikaner bezeichnet wird, wird aus diesem Grund beim Bulgaren oder Tschetschenen nicht »Europäer« geschrieben. Bei muslimischen Täter:innen wird die Religion hervorgehoben, aber bei christlichen wird irgendwas anderes gesucht, was sie der Mehrheitsgesellschaft fremd und anders erscheinen lässt – »Bulgare«, »Afrikaner«, »Flüchtling«. Die Regeln sind keine Regeln und ändern sich, je nachdem, wie es gerade passt.

Ein Teil des deutschen Journalismus arbeitet also nach dem hochprofessionellen Prinzip Pippi Langstrumpfs: »Ich mach mir die Welt, wie sie mir gefällt.« Auf Dauer assoziieren die Lesenden so negative oder gewaltvolle Taten mit muslimischen, Schwarzen und afrikanischen Menschen. Diese Personen, insbesondere männliche, werden in der Folge unbewusst als gefährlich wahrgenommen.

So, jetzt noch mal zum Mitschreiben.

Solche Formulierungen und doppelte Standards:

- stellen einen Zusammenhang zwischen der Tat und der Nationalität/Ethnizität/Religion (je nachdem, was gerade passt) her
- reduzieren die Person auf Nationalität/Ethnizität/Religion
- implizieren, die Tat wäre mit der Nationalität/Ethnizität/Religion erklärbar

Es ist interessant zu sehen, wie Menschen kategorisiert werden und warum. Dies richtet sich anscheinend oft nach dem jeweils passendsten Feindbild, das der eigenen, *weiß*-christlich-deutschen Gruppe am fernsten scheint. Und wenn mal ein Schwarzer, afrikanischer, geflüchteter Muslim eine Straftat begehen würde, würden alle AfD-Hirne vor Rassismus-Überforderung explodieren, und wir hätten ein Problem weniger.

Aber leider ist das nicht zum Lachen: Es hat große und gefährliche Auswirkungen, die weit über schlechte Berichterstattung und sogar über Retraumatisierung von Rassismusopfern hinausgehen. Erinnern wir uns einfach an das Beispiel mit linksunten.indymedia oder das Victim-Blaming bei den NSU-Untersuchungen.

Hinzu kommt, dass über manche Gruppen fast ausschließlich negativ berichtet wird. Als ich »Tschetschenen« googelte und auf »News« klickte, wurden ausschließlich Nachrichten über Kriminalität oder Rückständigkeit angezeigt. Ich habe mir die ersten zehn Seiten, also die ersten 100 Resultate angeschaut, und kein einziger Artikel war positiv oder wenigstens neutral!

Hier ein paar Beispiele:

»Arabischer Clan gegen kriminelle Tschetschenen«[5]

»Tschetschenen wollen Hochzeit feiern: Großeinsatz für die Polizei«[6]

»Diamond-Boy gegen Kaukasus-Wölfe: Blutiger Clan-Kampf tobt in Berlins Unterwelt«[7]

Als wäre das alles nicht schlimm genug – viele Medien hypen auf und übertreiben bewusst. Was steckt beispielsweise hinter der Schlagzeile »Tschetschenen wollen Hochzeit feiern: Großeinsatz für die Polizei«? Einige Autos der Hochzeitsgemeinschaft fuhren auf der Autobahn mit überhöhtem Tempo. Weltuntergang.

Dass »insgesamt 77 Beamte mit mehreren Polizeihunden« anrückten, um 20 Menschen zu kontrollieren, sollte eher ein Grund sein, rassistische Paranoia zu hinterfragen, statt sie copy/paste unkritisch zu übernehmen und ein Bild von ominösen kriminellen Tschetschen:innen zu zeichnen (natürlich nicht Europäer:innen, nicht Staatsangehörige Russlands, nicht Deutsche mit Migrationshintergrund). Es ist ja nicht das erste Mal, dass die Polizei bei muslimischen Menschen überreagiert – im Gegenteil, es hat schon so lange Tradition und geschieht so häufig, dass es Massen an Memes dazu gibt.

Die *BZ* schreibt am Ende des Beitrags sogar in Fettschrift: »Der Vorfall steht nach ersten Erkenntnissen der Ermittler nicht in Zusammenhang mit den Auseinandersetzungen zwischen Tschetschenen und Mitgliedern des Remmo-Clans in Neukölln und Wedding vor gut einer Woche.«[8]

Na wenn es nicht in Zusammenhang steht, warum erwähnt ihr es überhaupt? Weil es in den zwei komplett unzusammenhängenden Fällen um Menschen der gleichen Ethnie geht? Hier wird aus dem absoluten Nichts eine Assoziation zu irgendwelchen mutmaßlich kriminellen Strukturen erzeugt – ohne auch nur den Hauch eines realen Grundes, außer dass die Menschen, die zu einer Hochzeit anreisen wollten, eine bestimmte ethnische Herkunft haben. Das ist ganz klar und unbestreitbar Rassismus.

Und selbst wenn die Texte unter der Schlagzeile nicht so grässlich wären – die meisten Menschen lesen nur die Schlagzeile, welche eine falsche Kausalität zwischen tschetschenischen Hochzeiten und Kriminalität suggeriert. Auch wenn die Verbindung der beiden Ereignisse im Text geleugnet wird, wird sie durch den Text überhaupt erst hergestellt und in die Köpfe der Lesenden gebracht.

Manchmal ist die Religion oder Herkunft von Straftätern tatsächlich relevant. Wenn zum Beispiel eine Schwarze Person angegriffen wird, und der Täter auch Schwarz ist, dann ist es gut, dies zu wissen, damit die Community nicht unnötig Angst vor einem rassistischen Hate-Crime hat.

Wenn die Religion oder Herkunft einer Person unmittelbar relevant sind, um das Tatmotiv zu verstehen, dann o.k., kann sie erwähnt werden. Aber rassistische Mythen wie »in deren Kultur ist das einfach so«, »die sind halt von Natur aus so« oder Ähnliches zählen nicht zu guten Verständnisgründen des Tatmotivs. Falls die Herkunft relevant ist, dann muss auch begründet werden warum: Zum Beispiel, wenn eine nationalistische Gruppe aus einem bestimmten Land die Botschaft eines in ihren Augen »verfeindeten« Landes angreifen würde. Dann müsste aber auch erklärt werden, inwiefern ihre nationalistische Ideologie ein Faktor bei dem Angriff war, und es reicht nicht, einfach nur zu schreiben »Sie waren aus xy«, als wäre das schon eine Erklärung für Gewalt.

Seit Kurzem erlaubt auch der Deutsche Presserat, die Herkunft von Täter:innen anzugeben, falls sie »von öffentlichem Interesse« ist.[9] Die Bestätigung rassistischer Fantasien ist aber kein »öffentliches Interesse«. Straffällige Muslim:innen, Flüchtlinge oder

Immigrant:innen sind seit Jahrzenten ein zentraler Punkt der rassistischen und rechtsextremen Imagination, und damit muss reflektierter umgegangen werden. Dass die grundlose Betonung muslimischer Identität im Rahmen von Straftaten nicht nur hochproblematisch, sondern auch lebensgefährlich und rassistisch ist, haben nun hoffentlich alle verstanden. Vergesst das bitte nicht und erinnert euch aktiv daran. Und falls ihr doch die Herkunft von Täter:innen benennen müsst: Reflektiert genau, wie ihr Menschen kategorisiert und warum. Manchmal Ethnizität, manchmal Kontinent, manchmal Nationalität – das geht nicht.

Und wie gesagt: Das gilt nicht nur für Straftaten, sondern auch für muslimische Menschen, Gruppen und Staaten allgemein.

Kur’anbait

Zusammenhanglos Begriffe aneinanderklatschen, nur weil sie als »irgendwas Muslimisches« empfunden werden, ist nichts weiter als Othering und rassistisches Clickbait oder, wenn ich mal mit den gleichen sensationalistischen Methoden arbeiten würde: »Kur’anbait«. »Mekka Deutschland« macht so viel Sinn wie »Tannenbaum-Indonesien«, Phrasen wie »Jihad-Bräute« und »Schleier des Terrors« sind peinlicher als »Liturgie der Lederhosen« – trotzdem finden sich solche Phrasen überall.

Und als ob das nicht sowieso schon schlimm genug wäre, werden diese »muslimischen« Begriffe fast ausschließlich mit negativen Dingen in Verbindung gebracht.

»Terror für Allah«, »Koran-Krieger«, »Folter-Mekka«, »Waffen der Scharia«, »Schleier der Unterdrückung«, »Morden für Islam«, »Terror, Allah, Krieg«, »Mekka, Koran, Folter«, »Islam, Waffen, Schleier«, »Unterdrückung, Terror, Scharia«, »Islam, Krieg, Waffen«, »Allah, Terror, Mord« …

Es ist wie Massenhypnose! Solche Framings brennen sich ins Unterbewusstsein und auch ins Bewusstsein ein. Narrative, Berichte und Diskussionen über Muslim:innen sind meist extrem negativ und oft extrem rassistisch. Dass Leute nach all dem rassistisch werden und Hass gegen muslimische Menschen entwickeln, macht mich wütend – überrascht mich aber nicht.

Falls es zu diesen Phrasen visuelle Darstellungen gibt, wie es zum Beispiel bei Medienberichten fast immer der Fall ist, dann sind auch sie meist farbarm, dunkel und ominös. Die Musik ist extra ominös, sodass ich manchmal nur darauf warte, dass gleich der nächste Akte-X-Alien aus dem Fernseher kriecht – und sich dann mit dem Schleier der Scharia unterdrückt.

Es ist nie die Rede von Ramadan-Picknicks oder halal Gummibärchen, obwohl diese *wirklich* existieren, im Gegensatz zu »Allahs Schleier-Kriegerinnen des Grauens« oder was auch immer irgendein Tiefkühlhorst beim Jagdverein-Stammtisch gerade auftaut. Es wäre mal wieder lächerlich, wenn es nicht so erschöpfend und lebensgefährlich wäre.

Kur'anbait-Klassiker: »Allahs Töchter«, »Schleier der Scharia«, »Mekka Deutschland« und Ähnliches Noch mal: Diese Phrasen ergeben genauso viel Sinn wie »Osterhase Antalya« oder »Weihrauch des Grauens« – nämlich gar keinen. Hier wurden nur Begriffe, die von der nicht muslimischen Gesellschaft als »irgendwie muslimisch« wahrgenommen werden, aneinandergeklatscht, um sensationalistisch und unkreativ das »Anderssein« von Muslim:innen aufzuhypen.

»Allahs Töchter« Allah dž. š.* hat kein Geschlecht und keine Töchter/Kinder. Was sich hier zeigt, ist also pure christliche Normativität: Unter christlich sozialisierten Menschen kann es normal sein, Phrasen wie »Kinder Gottes« zu nutzen – und das wird dann einfach auf nicht christliche Menschen übertragen, weil Christentum so normalisiert und dominant ist, dass viele

* Dž. š. bedeutet »dželle šanuhu«, und stammt von einem der 99 Namen von Allah dž. š. – Al Jalil, großartig. Diese Schreibweise soll den inflationären Gebrauch von Gottes Namen vermeiden und Respekt ausdrücken. In Bosnien ist dies die am weitesten verbreitete Schreibart, sodass auch ich sie nutze. Ähnliches gilt für Muhammed a. s. (alejhisselam – Friede sei mit ihm).

Christ:innen nicht mal auf die Idee kommen, dass bestimmte Dinge in anderen Religionen anders sind.

Muslim:innen aber glauben nicht an einen männlichen Gott mit Kindern, nutzen Phrasen wie »Kinder Gottes«, »Allahs Töchter« oder »Allahs Bräute« nicht und denken sich dabei einfach nur: »Estakvirullah« (Ich bitte Gott, mir zu vergeben, dass ich so was überhaupt ausgesprochen habe.)

»Schleier der Scharia« Bei der inflationären Verwendung des Wortes »Schleier« geht es ebenfalls um Othering. Im Islam gibt es Kleidungs- und Bescheidenheitsregeln für alle Geschlechter. Doch genau wie bei Fleisch werden nur diejenigen herausgezogen, die zum Othering von muslimischen Menschen geeignet sind, also meist das Kopftuch. Dass Muslim:innen keine enge, durchsichtige oder zu freizügige Kleidung tragen sollten, ist im Diskurs der deutschen Mehrheitsgesellschaft egal, denn es fällt nicht als etwas auf, das Muslim:innen von der christlichen Oma nebenan oder dem bärtigen Hipster in Berlin-Mitte unterscheidet. Erst wenn der Hipster muslimisch ist, wird sein Bart als potenzielles Extremismus-Zeichen reinterpretiert. Und auch bei der Oma nebenan ist ein Kopftuch o. k., solange sie es trägt, weil ihre Lieblingsstars aus den Sechzigern damit so stylisch aussahen. Aber wehe sie trägt es, weil sie Muslima ist. Dann ist es eine andere Geschichte, und es wird direkt »besorgt« debattiert.

Und wie gesagt: Nach all der »Anders«-Markierung wird das Muslimische mit negativen Bedeutungen aufgeladen. Auch die berüchtigte *Spiegel*-Coverstory »Mekka Deutschland – die stille Islamisierung«[1] macht nur Sinn, wenn Deutschland als Mekka des Rassismus gemeint ist.

Mekka hier, Mekka da Mekka ist die heiligste Stadt des Islam zu der sich Milliarden Menschen weltweit mehrmals täglich wenden, um in Richtung der Kaaba zu beten. Die fünfte Säule des Islam und der Wunsch vieler Muslim:innen ist es, den Haddsch, also eine Pilgerreise nach Mekka, zu machen. Menschen, die am Haddsch teilnehmen, werden mit dem Titel »Haddschi/Hajji« geehrt.

In Deutschland wird Mekka oft als Synonym für »Hochburg des …« genutzt. Es ist ziemlich respektlos, die heiligste Stadt des Islam und all die damit zusammenhängenden Glaubensaspekte für jede Kleinigkeit zu verunstalten, nur weil gerade der eigene Kreativitätsvorrat trockener ist als die Wüsten um Mekka. Und wenn es in Verbindung mit Begriffen geschieht, die entweder negativ konnotiert oder explizit unislamisch sind, dann kann es als bewusste rassistische Hetze und/oder Provokation gewertet werden.

Dazu gehört zum Beispiel »Mekka der Schweinezucht« oder »Schweine-Mekka«. Ich habe kein Problem mit Schweinen, und als langjährige Veganerin wünsche ich den Süßen schöne, lange Leben. Dass Schweinefleisch verboten ist, ist ein relativ unwichtiger Teil des Islam. Pferde, Katzen, Hunde oder Schlangen zu essen ist im Islam genauso verboten, aber darüber reden Leute kaum – weil dies nicht genutzt werden kann, um Muslim:innen als »anders«, »komisch« oder »nicht integriert« darzustellen. Muslimische Leute fühlen sich natürlich nicht beleidigt von der bloßen Existenz von Schweinen, und die vielen Diskussionen dazu sind meist übertrieben und werden von der Ignoranz rassistischer Kacklurche mit dem Intellekt von Kundenservice-Warteschleifenmusik bestimmt.

Und da wir gerade bei Kacklurchen mit dem Intellekt von Kundenservice-Warteschleifenmusik sind: Ein gutes Beispiel für diesen Punkt ist eine Geschichte, die trump mehrmals in seinen politischen Reden sowie Tweets nutzte, als er noch US-Präsident war (endlich vorbei, elhamdulillah). Er erzählte stolz vom US-General pershing, der – laut trump – während der US-Okkupation der Philippinen 50 Muslime zusammenpferchte und 50 Kugeln in Schweineblut tauchte. Dann ließ er 49 der Männer erschießen und sagte dem letzten, er solle zu seiner Gemeinde zurückgehen und erzählen, was passiert war.[2] pershing wollte den Menschen Angst machen, die ermordeten Männer würden in die Hölle kommen, da sie nun unreines Schweineblut im Körper hätten – und anderen würde es genauso ergehen, wenn sie sich gegen die US-Okkupation wehren würden.

Laut trump gab es danach 25, 35 oder 42 Jahre lang keinen Terrorismus in den Philippinen (die Jahreszahl änderte sich je nach seiner Stimmung).[3]

Zu dieser Geschichte gibt es natürlich einiges zu sagen:

Erstens sollte trumps Terror-Framing nicht einfach übernommen werden, sondern wir sollten uns fragen, wer in dieser Geschichte die Terrorist:innen sind: Eine koloniale Militärmacht vom anderen Ende der Welt, welche die Philippinen überfällt, sogar nach der geringsten Schätzung den Tod von 220 000 Menschen verursacht[4], eigene Gesetze und eine fremde Regierung aufdrängt, Konzentrationslager eröffnet und schließlich die Zivilbevölkerung durch demonstrative Exekutionen in Angst versetzt, um die eigenen politischen Ziele zu erreichen (also *literally* die Definition von Terrorismus) – oder sind die Menschen die Terrorist:innen, die in ihrer eigenen Heimatstadt gezwungen werden, ihr Recht auf Selbstverteidigung auszuüben?

Zweitens ist Islam an sich eine ziemlich chillige Religion, in der Niyet, also Absicht, sehr wichtig ist. Es wäre eine Sünde, mit Absicht Schweineblut zu trinken (oder egal welches Blut – jedes Bluttrinken ist verboten). Aber gegen den eigenen Willen Schweineblut in den Körper eingeschossen zu bekommen – meine Fresse, das ist auf keinen Fall eine Sünde für die geschädigte Person.

Drittens gab es zu pershings Amtszeit und auch in den 25/35/42 Jahren danach natürlich weiterhin Widerstand gegen das US-Militär.

Viertens glorifiziert trump mit seinen Aussagen Kriegsverbrechen und ruft zu neuen auf.

Und fünftens stimmt trumps ganze Story nicht – das US-Militär hat in den Philippinen zwar grausame Menschenrechtsverletzungen gegen Filipin:as aller Religionen verübt, doch diese spezifische Schweineblut-Story passierte laut Historiker:innen nicht.

Sechstens führen solche Instrumentalisierungen von Schweinen zu nichts. Es stimmt, dass US-Soldat:innen ermordete Muslim:innen mit Schweineleichen begruben, um Lebende abzuschrecken, aber das erzielte das Gegenteil. Denn muslimische Leute wissen, dass solche Taten anderer keine Sünde für sie selbst sind. Statt dass es zu Abschreckung führte, hatten die Menschen durch dieses ignorante und brutale Verhalten noch mehr Gründe als ohnehin schon, gegen die US-Okkupation zu kämpfen.

Dies ist eins von vielen Beispielen dafür, wie Schweine durch die Reden und Geschichten ignoranter Gefrierbeutelhirne zu antimuslimischem Kryptonit erklärt werden. Auch in Deutschland gab es zahlreiche Angriffe auf Moscheen, bei denen abgetrennte Schweineköpfe verwendet wurden. Es sind also nicht muslimische Leute, sondern rassistische, die aus einem relativ unwichtigen Verbot ein vermeintliches Riesenproblem machen. Und erst wegen all dem reagieren Muslim:innen empfindlich auf Taten und Kommentare, die Schweine involvieren. Denn wir haben gute Gründe, dahinter bewusste rassistische Provokationen zu vermuten.

Ich hoffe, ihr könnt jetzt zumindest ansatzweise verstehen, dass auch kurze Phrasen wie »Mekka der Schweinezucht« oder »Schweine-Mekka« in zwei, drei Worten mehrere Niveaus von Scheußlichkeit enthalten können.

Für das erste Scheußlichkeitsniveau (»Mekka dies, Mekka das«) schenke ich euch einige Alternativen:

Hochburg, Zentrum, Zentrale, Kern, Herz, Seele, Quelle, Herzstück, Schmelztiegel, Spielwiese, Wiege, Tummelplatz, Mittelpunkt, Schnittpunkt, Knotenpunkt, Kerngebiet, Sammelbecken, Drehpunkt, Sammelpunkt, Zentralpunkt.

Für das zweite Scheußlichkeitsniveau (»Mekka der Schweinezucht«, »Mekka des Alkohols« etc) gilt: einfach nein.

Kur'anbaitiges Framing Oft werden Details, die etwas mit Islam, aber nichts mit dem Thema, um das es eigentlich geht, zu tun haben, aneinandergeklatscht, um Islam und muslimische Menschen negativ zu framen.

Ich erkläre es an einem besonders gefährlichen Beispiel:

Nachdem eine seit über 20 Jahren unbewohnte Ruine in Bosnien zerstört wurde, wurde dort Munition gefunden, die wahrscheinlich noch aus dem Krieg stammte. Absolut nichts Besonderes. Serbische und russische Staatsmedien machten daraus jedoch einen »Beweis«, dass Bosniak:innen Angriffe auf die »Serbische Republik«* planen würden, da ein ganzes »Waffenlager« »in der Nähe einer Moschee« gefunden worden wäre. Es ist ein bosniaki-

* »Republika Srpska« ist ein wegen des Genozids existierender Landesteil Bosniens, aus dem fast alle nicht serbischen Menschen vertrieben oder ermordet wurden und der daher schon seit Jahrzehnten von serbischen Nationalist:innen regiert wird.[5]

sches Dorf, Leute – jedes Haus ist »in der Nähe einer Moschee«. Und ein Waffenlager war es auch nicht. Und die Schuld für den Genozid wird umgedreht und relativiert – und und und … Aber wie wir schon am Beispiel der von linksunten.indymedia lernten: Allein schon die Erwähnung bestimmter Worte oder Infos kann sehr viel Rassismus auslösen. Deshalb achtet darauf, was ihr oder andere sagt/sagen, welche Infos hinzugefügt werden, ob sie nötig sind oder etwas verzerren.

Reduktives Rassismus-Bingo Oft werden vielfältige Communities und ganze Länder mit ein paar negativ konnotierten, sensationalistischen und/oder rassistischen Schlagwörtern zusammengefasst, als hätten sie nichts anderes zu bieten, und als wäre ihre gesamte Geschichte damit erzählt.

Schauen wir uns dazu ein Beispiel aus einer Berliner Tageszeitung genauer an:

»Mali: Drogen, Waffen und Scharia«[6]

Erst mal frage ich mich, welche Waffen im Text gemeint sind: Vielleicht die französischen Bomben, mit denen unschuldige Zivilist:innen ermordet werden? Oder die Waffen der dort stationierten deutschen Soldaten?

Um zu verstehen, wie extrem beleidigend es ist, ein ganzes Land mit rassistischem Clickbait auf drei negativ besetzte Begriffe zu reduzieren, drehen wir es kurz um: Stellt euch vor, ihr würdet beim BBC so eine Headline mit Klischees über Deutsche lesen: »Deutschland – Spießer, Nazis, Kinderschänder«. Wie fühlt sich das an? Wie würde es sich anfühlen, wenn eure Familie durch britische Waffenexporte ermordet würde? Wenn eure berechtigte Kritik als »die sind doch nur unobjektive, beleidigte Nationalist:innen« abgetan werden würde? Wenn dies jahrelang das Einzige wäre, was die Welt über Deutschland erfahren würde und ihr bei fast jedem Kontakt zu Nichtdeutschen als unfreiwillige PR-Sprecher:innen rechtfertigen müsstet, warum jahrzehntelang nichts gegen Missbrauch von Kindern in der Kirche getan wurde, warum in Deutschland so viele Kinder verschwinden, warum Deutschland EU-Initiativen gegen Kinderp*rnographie blockte? Und wenn ihr euch gegen diskriminierende Witze wehren würdet, wäre es nur ein weiterer Beleg fürs Klischee des herz- und humorlosen Deutschen.

Es ist mir klar, dass nicht marginalisierte Deutsche niemals richtig nachempfinden können, wie verletzend solche Titel sind. »Mali: Drogen, Waffen und Scharia« ist ein Schlag ins Gesicht für muslimische, afrikanische und Schwarze Menschen. Und diese Gruppen haben schon zu viel Gewalt und Diskriminierung erlitten, es ist nicht originell.

Dies ist nur eins von vielen Beispielen, in denen die Komplexität und Vielfalt ganzer Länder oder Communities auf rassistische Klischees heruntergebrochen wird.

Weitere Beispiele sind (und ich verarsch euch nicht, das sind alles reale ARD-Beispiele):

»Indonesien: Mit dem Schlagstock für die Scharia«[7]

»Prinzen, Paschas, Prügelknaben: Muslimische Jungs im Kiez«[8]

»Scharia, Scheichs und Shopping: Saudi-Arabien – Königreich der Widersprüche«[9]

Reduktiv rassistische Aufzählungen wie diese sagen nichts über die Länder oder Communities, die damit beschmutzt werden, aus, sondern nur darüber, welche Klischees die Verfassenden sensationalistisch genug finden, um ihre Beiträge damit zu »schmücken«.

Oder mein Favorit: Dieser legendär rassistische Spruch über nach vier Jahren Genozid verhungernde und unermesslich leidende Frauen, den niederländische UN-Truppen auf die Wände Srebrenicas schmierten, bevor sie ihren serbischen Freunden halfen, die gleichen Wände mit Blut zu beschmieren:

»Keine Zähne? Schnurrbart? Stinkt wie Scheiße? Bosnisches Mädchen!«

Ich kann von dieser rassistischen, entmenschlichenden Verachtung nicht erzählen, ohne daran zu denken, dass laut einer Gallup-Studie[10] zum Händewaschen ausgerechnet Niederländer:innen die Letzten in Europa sind – nur die Hälfte wäscht sich die Hände nach dem Klobesuch! Und Bosnien ist Gewinner mit 96 %. Ist vielleicht petty, aber wenn diese unfähigen UN-Kloaken-Kackerlaken* es o. k. fanden, Mädchen zu beleidigen, die bereits seit Jahren ohne Strom und Wasser unter Belagerung lebten und denen wegen extremer Hungersnot die Zähne ausfielen, dann möchte ich euch hier offiziell daran erinnern, bei der nächsten Amsterdam-Reise nix ohne Taschentuch anzufassen.**

* Ich hatte versehentlich »KaCkerlaken« geschrieben statt »Kakerlaken«, aber wisst ihr was? Das extra »Kack« im Namen haben die niederländischen UN-Schwächlinge mehr als verdient, also lass ich's so.

** Übrigens war die Reaktion vieler Niederländer:innen, zu behaupten, sie seien einfach ehrlich und der Rest Europas lügt nur, er würde sich die Hände waschen. Äh, nein? Warum ist es manchen Leuten unvorstellbar, dass andere sich die Hände waschen? WTF?

Anleitung gegen Othering: Wir sind mehr als »anders«

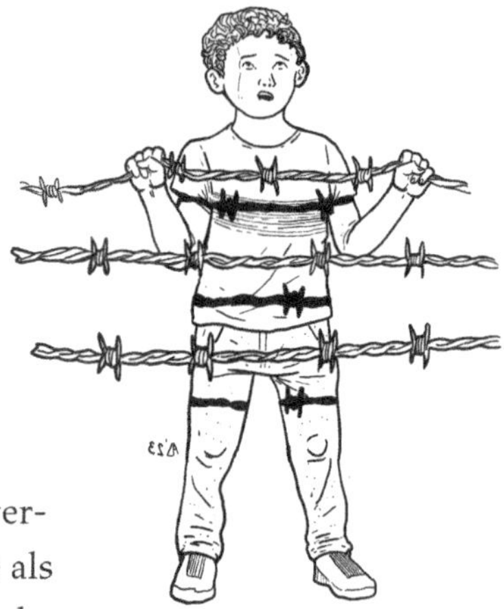

Zur Erinnerung: Othering bedeutet vereinfacht, eine marginalisierte Gruppe als Gegenteil eines imaginären »Wir« zu konstruieren und negativ zu besetzen. Dies geschieht durch das Ausdenken oder die Überspitzung vermeintlicher Andersartigkeit und durch die Zuschreibung von negativen Charakteristiken auf die vermeintlich anderen Menschen. Gleichzeitig wird das imaginäre »Wir« als normal und positiv besetzt.

Das passiert ganz schnell: Beispielsweise, wenn durch die Phrase »Deutsche und Muslime« suggeriert wird, es handle sich um zwei getrennte Gruppen, ohne Überschneidungen (als ob es keine deutschen Muslim:innen gäbe). Oder auch wenn kur'anbaitiger Sensationalismus genutzt wird.

In dieser Anleitung gegen Othering will ich euch zeigen, wie ihr es besser macht. Es geht nicht nur um Alltagsgespräche, sondern auch um das Reden über und mit Muslim:innen auf Websites, in Theaterstücken, bei Grafikdesign-Projekten etc. – basically in Medien und allen anderen Situationen, die über einfache, direkte Gespräche hinausgehen und unbeteiligte Menschen erreichen. Mit anderen Worten »Kommunikationsmultiplikation«, wie ich in meinem Journalimusstudium leider lernen musste, statt meine Jugend zu genießen.

Othering auf Metaebene

Inkludiert muslimische Menschen und ihre Perspektiven auch in Geschichten, in denen es nicht explizit um Islam und Muslimisch-Sein geht. Es ist schade, dass ich das überhaupt schreiben muss, aber Newsflash: Wir sind stinknormale Menschen. Manchmal gibt es Dinge, die alle betreffen, aber uns anders betreffen als die Mehrheitsgesellschaft – und da möchten wir unsere Perspektiven auch repräsentiert sehen. Und manchmal haben wir gar keine unterschiedlichen, neuen Perspektiven, aber sollten trotzdem inkludiert werden, weil wir schlicht und einfach Teil der Gesellschaft sind. Punkt.

Wer über eine Menschengruppe immer nur im Kontext dessen berichtet, was sie als Gruppe definiert und somit von der Mehrheitsgesellschaft abgrenzt, betreibt Othering. Über Muslim:innen nur im Rahmen des Muslimisch-Seins zu berichten, unterstreicht also ihre vermeintliche Andersartigkeit.

2015 kamen mehr Flüchtlinge nach Deutschland als in vielen Jahren zuvor, die höchste Zahl seit dem Angriffskrieg gegen Bosnien. Damals waren es fast eine halbe Million Menschen, von denen fast alle kurz nach dem Krieg »zurück« ins zerstörte Bosnien mussten. Viele haben Deutsch nicht verlernt und später ihre deutschen Freund:innen und Bekannten bei Facebook wiedergefunden. Als sie dann 2015 mit ansahen, wie sich Geschichte wiederholte, posteten viele als Solidaritätsbekundung ein Profilbild mit den Worten »I was a refugee« (Ich war ein Flüchtling). Darunter gab es oft gut gemeinte Kommentare von Deutschen, die so etwas schrieben wie: »Nein, du warst kein Flüchtling. Du warst unsere Nachbarin!« Das schließt sich nicht aus. »Flüchtling« zu sein ist kein absoluter Zustand, der keine weiteren Teilidentitäten zulässt und die gesamte Identität einer Person ausmacht. Ein Mensch kann Flüchtling und Nachbar:in sein, wie die Personen im Beispiel. Oder Flüchtling und Superstar, Bäckerin, Fashion Victim. Sogar Flüchtling und Genie wie Einstein oder Flüchtling und Vollpfosten. Geht auch.

So was passiert, wenn über Menschen immer nur im Zusammenhang mit ihrer vermeintlichen Andersartigkeit berichtet und diese dann negativ besetzt wird. Selbst nette, gutherzige Menschen bekommen auf diese Weise ein verzerrtes Bild von Flüchtlingen/Muslim:innen und schreiben dann: »Aber du warst gar kein Flüchtling«, weil sie die Person als Ausnahme von diesen verzerrten Bildern sehen. Dahinter zeigt sich auch eine unterbewusste Abwertung von Flüchtlingen – Flüchtling sein ist ja was Schlimmes, Beleidigendes, also schreibe ich Fatima schnell, dass sie kein Flüchtling war. Sie hat ja gar keinen Terroranschlag geplant.

Deshalb ist es so wichtig, dass wir über aktuelle Narrative, ihre Einseitigkeit und Verzerrung sprechen. Gleichzeitig müssen wir auch endlich andere Geschichten erzählen, andere Bilder als diese rassismustriefenden zeigen: Wenn ihr ein YouTube-Video über Gesundheitsthemen macht, ruft mal 'ne muslimische Ärztin oder einen muslimischen Patienten an. Für einen Ratgeber zu Cybersecurity findet ihr bestimmt einen ägyptischen Tech-Bro, der in Berlin lebt und gleich auch noch bei 'nem Theaterstück über die neuesten Hipstertrends voll dabei ist. Und auch in diesen Beispielen müsst ihr deren Muslimisch-Sein nicht *immer* thematisieren. Wir sind mehr als »anders«.

Othering und Fotos

Dass Fotomontagen von blutüberströmten, schreienden Männern und ominös wirkenden Frauen mit Schwertern statt Augenbrauen endlos rassistisch sind, sollten bisher alle außer *Der Spiegel* gecheckt haben. Deshalb verschwende ich nicht viel Zeit auf solch klare Negativbeispiele und komme direkt zu subtileren.

Wenn Muslim:innen auf Fotos dargestellt werden, sind es sehr oft Frauen mit Kopftuch, meist heimlich von hinten fotografiert, oder Männer beim Beten, meist vor der Sedžda-Position, den Kopf zu Boden bewegend. Man könnte denken, wir sind immer nur am Beten und am Mit-Kopftuch-in einem-»Problembezirk«-Rumstehen. Als würden wir nie arbeiten, auf den Bus warten oder vom vierjährigen Neffen gezwungen googeln, ob Schmetterlinge pupsen*.

Als ich einen Redakteur darauf hinwies, dass solche reduktiven Fotomotive in keiner Weise repräsentativ für die Vielfalt muslimischen Lebens sind, sagte er, dass ja irgendwie sichtbar sein müsse, dass die Leute auf den Fotos muslimisch sind – und das gehe halt nur so. Komischerweise gilt diese Regel natürlich mal wieder nur für Muslim:innen und nicht für andere Gruppen.

Stellt euch vor, Leute würden für die Darstellung von Deutschen ausschließlich Fotos von Männern in Lederhosen beim Jodeln nutzen (oder keine Ahnung, was ihr so in der Freizeit macht). Dass Lederhosen nur in bestimmten Teilen des Landes Tradition sind und auch dort nicht mehr Alltagskleidung, ist egal – irgendwie muss ja zu sehen sein, dass es Deutsche sind. Für US-Amerikaner:innen müssten dementsprechend immer nur Fotos von Cowboys genutzt werden, und zwar während sie gerade

* Ja, tun sie.

beim Rodeo einen Bullen reiten – denn wie wäre sonst erkennbar, dass sie US-amerikanisch sind?

Wenn irgendeine Menschengruppe einfach in einem Café sitzt oder durch einen Supermarkt spaziert ohne Cowboy-Hut und Lasso, dann ist zwar nicht sofort bemerkbar, dass es US-Amis sind, aber es ist offensichtlich, dass es Menschen wie wir sind. Kein Othering. Das ist der Punkt. Deshalb insistiert nicht darauf, dass Muslim:innen auf Fotos immer erkennbar muslimisch, immer erkennbar anders als die Mehrheitsgesellschaft aussehen, denn genau so werden diese Grenzen zu vermeintlich anderen gezogen. Und: Viele muslimische Menschen sehen eben nicht »anders« aus.

Hinzu kommt, dass auf Fotos in Medien türkische und arabische Muslim:innen überrepräsentiert sind. Ich habe Freund:innen aus Indonesien, die nicht mal als muslimisch erkannt werden, weil sie asiatisch sind. Indonesien ist das größte muslimische Land der Welt und asiatische Menschen die größte muslimische Gruppe. Auch Schwarze Muslim:innen sind unterrepräsentiert. Und wenn eine Person blond und muslimisch ist, wird ihr manchmal sogar vorgeworfen, dass sie lügt oder Witze macht. Wenn Menschen auf »Ich bin Muhamed, freut mich« mit einem Lachen oder überraschten Blicken reagieren, nur weil Muhamed blond, Schwarz oder Asiate ist, dann läuft in Deutschland etwas massiv falsch.

Das muss aufgebrochen werden. Packt ein Foto von dem netten Opa nebenan über den Text, auch wenn er nicht »muslimisch aussieht«, denn es gibt nicht das eine, einheitliche muslimische Aussehen.

Zusätzlich macht es, wie gesagt, auch Sinn, »sichtbar muslimische« Menschen für die Bebilderung von Posts/Texten/Videos zu nutzen, die nichts mit Islam zu tun haben – und bitte auch nichts mit negativen, vorurteilsbesetzten Themen wie Kriminalität etc.

Eine Instagram-Story über die steigende Zahl der Veganer:innen in Deutschland + Foto von kopftuchtragender Muslima im Supermarkt = Voilà!

Othering auf Audio-Ebene

In beunruhigend vielen deutschen Spielfilmen und Dokus über mehrheitlich muslimische Länder oder auch Stadtteile läuft das Othering nach dem gleichen Rezept ab. Dies ist auch auf Berlin-Neukölln, Istanbul oder Prishtinë anwendbar, aber nehmen wir als Beispiel mal Bosnien. Es läuft so: Die Kamera filmt die Altstadt Sarajevos, als gäbe es bei uns keine modernen Gebäude oder überhaupt Gebäude, die nach dem 15. Jahrhundert erbaut wurden. Dann wird an einige kopftuchtragende Frauen und Minarette rangezoomt, um den sowieso »orientalischen« Charakter der Stadt weiter zu betonen. Bärtige Männer sitzen in einer Shishabar und vielleicht tauchen später die gleichen Männer beim Beten auf – meist natürlich – ihr ahnt es – bei der Sedžda auf den Boden fallend und nicht während anderen Teilen des Gebets. Im Hintergrund sind der Gebetsruf und traditionelle türkische oder arabische Musik zu hören, während die Sprecherin irgendwas vom »wachsenden Einfluss des Islams« in einer sowieso seit Jahrhunderten überwiegend muslimischen Stadt faselt.

Es fällt mir wirklich schwer, in Worte zu fassen, wie abgrundtief peinlich das ist. Was hat Bosnien mit türkischer oder arabischer Musik zu tun? Bosnien hat eine reiche, faszinierende Musikkultur, und wenn die Videomachenden unbedingt »ortstypische« Musik im Video haben möchten statt neutraler, dann können sie moderne, aktuelle bosnische Musik spielen. Wenn sie auch das nicht möchten, können sie Novi Primitivizam oder andere in Sarajevo entstandene Subgenres der Rockmusik nutzen – ortstypischer geht's nicht. Wenn selbst das ihnen nicht passt, können sie Sevdah, eine wunderschön nostalgische, einzigartig bosnische Musik wählen. Sevdah klingt zwar auch »orientalisch«, aber kein Problem – denn das ist halt unsere Musik, und nichts daran ist schlimm.

Aber türkische und arabische Volkslieder? Nichts gegen diese schönen Lieder, aber es gibt keinen ersichtlichen Grund, in einer Doku über ein bestimmtes Land die alte, traditionelle Volksmusik anderer Länder zu spielen, mit denen das Land kaum etwas gemeinsam hat, außer der Mehrheitsreligion. Ich sehe es genau vor mir, wie die Videomachenden Bosnien aufs Muslimisch-Sein reduzieren, als gäbe es nichts, nichts, nichts anderes Wissenswertes oder Charakteristisches am Land. Und dann denken sie sich: Hey, Jochen, lass mal irgendwas »Orientalisches« draufklatschen.

Stellt euch vor, bei fast jeder Doku, die in Berlin stattfindet, egal zu welchem Thema, würden Leute die winzige Altstadt filmen, jeden existierenden Kirchturm heranzoomen und im Hintergrund irgendeinen Holzmichl jodeln lassen. Oder eher US-amerikanische Countrymusik. Denn wenn deutsche Medien arabische Volksmusik über Sarajevo, Jakarta oder Kreuzberg legen können, dann sollten wir die gleiche Logik nutzen: Deutschland ist mehrheitlich *weiß*christlich, die USA auch, lass ma irgendwelche Yee-Haw Rodeo-Soundtracks draufpacken. Keine finnische Polka, keinen Flamenco – nur Countrymusik, weil die gesamte *weiß*christliche Welt aus den USA besteht, wie die muslimische aus der Türkei und »Arabien«. Merkt ihr es?

Um es noch mal ganz deutlich zu machen: Solch orientalisierende Musik ist

- falsch;
- immer nur aus zwei Regionen, auf welche die gesamte Vielfalt muslimischen Lebens reduziert wird (türkisch und arabisch). Dabei sind insgesamt nicht mal ein Viertel der Muslim:innen weltweit aus diesen Regionen;
- immer das gleiche Genre (kein arabischer Rap oder türkischer Rock) und nichts Modernes, sondern alte, traditionelle Volksmusik;
- suggeriert, dass auch die Gesellschaft veraltet/archaisch ist und haut somit rein in rassistische Klischees vermeintlicher muslimischer Rückständigkeit;
- entlarvt, dass die Journalist:innen den gefilmten Ort ausschließlich auf seinen muslimischen Charakter reduzieren und durch diesen Filter der »Andersartigkeit« betrachten;
- überträgt dieses Othering auch in die Köpfe des Publikums.

Personen, die auf Bilder von mehrheitlich muslimischen Städten oder Stadtteilen solche Musik packen, machen das entweder, um absichtlich die »Andersartigeit« und das Muslimische an dem Ort sensationalistisch aufzuhypen, oder weil sie diese reduktiven orientalistischen Mythen selbst so tief internalisiert haben, dass sie es nicht mal merken.

Leute sollten lange und ehrlich darüber nachdenken, ob sie Volksmusik und andere »orientalische« Klänge nutzen möchten, warum sie es möchten und ob sie in der gleichen Situation das Gleiche auch mit den USA, Schweden oder Deutschland getan hätten.

Eine weitere problematische Nutzung von Musik ist, ominöse Thrillermusik auf journalistische Berichte zu packen. Wenn Bilder von flüchtenden Menschen, von schiitischen Festen oder von Polizeirazzien mit gefährlich klingender Musik ergänzt werden, dann ist das klare Stimmungsmache und hat im Journalismus nichts zu suchen.

Ein dritter Punkt, auf den im Audiobereich geachtet werden muss, sind Akzente. Oft bringe ich für Fernsehbeiträge gutes Drehmaterial mit, interessante und wichtige Worte von Menschen mit Akzent. Und dann insistieren die Redaktionen, dass ich die Aussagen meiner Gesprächspartner:innen aus dem Beitrag rausschneiden soll, weil sie schlecht zu verstehen wären. Ich als ehemaliger Flüchtling bin daran gewöhnt, alle möglichen Akzente zu hören und zu verstehen, weiß aber auch, dass es für viele andere nicht so ist. Aber gerade das führt zu einem Teufelskreis: Menschen möchten keine Akzente hören, weil sie diese gar nicht oder nur schlecht verstehen. Sie verstehen sie schlecht, weil sie sie kaum hören. Das muss durchbrochen werden. Es ist erschreckend, wie wenig Menschen mit Akzent in deutschen Medien vorkommen. Welche Menschen haben in dieser Gesellschaft das Recht zu sprechen und gehört zu werden? Was und wer wird als Norm positioniert und wer als abweichend und anders? Wie wird mit einem schwäbischen oder auch französischen Akzent umgegangen und wie mit einem ukrainischen, vietnamesischen oder pakistanischen?

Gut gemeint, schlecht gemacht

Auch mit guten Absichten ist es möglich, übers Ziel hinauszuschießen. Dann sind Muslim:innen zwar nicht zwingend sauer (wir denken ja immer an Niyet – Absicht), aber knapp daneben ist halt auch vorbei. Also folgen nun einige Beispiele, was genau gemeint ist, damit ihr es in Zukunft vermeiden könnt.

»Zeig's den Türken« Als ich vor Jahren einer deutschen Freundin erzählte, dass ich nach Istanbul reise, sagte sie: »Toll! Zeig den Türken was eine starke, selbstbewusste Frau ist!«

Der einzige Grund, warum »die Türken« nicht wüssten, was starke, selbstbewusste Frauen sind, wäre, dass alle Frauen in der Türkei schwach, selbst hassend und unterdrückt sind. Und die türkischen Männer sind natürlich die Unterdrücker. Wie alt und gefährlich diese rassistischen Ideen sind und wie intensiv sie gegen Muslim:innen verwendet werden, habe ich ja schon erklärt.

Das Entlarvendste an dieser Aussage ist aber die Tatsache, dass das die Reaktion auf die bloße Erwähnung Istanbuls ist – der Kopf springt sofort zu unterdrückten Muslimas, statt zu den drölfzigtausend faszinierenden Dingen, die mit der schönsten Stadt der Welt verbunden werden können.

Deshalb: Wenn ihr Muslim:innen Komplimente macht, konstruiert sie nicht so, als wären sie das Gegenteil von anderen Muslim:innen oder die »positive Ausnahme«.

»Du bist so toll integriert/modern/westlich!« Es ist sehr komisch, dass diese ganze Integrationsgeschichte nie »Expats« aus reichen Ländern betrifft. Die sind ja sowieso schon zivilisiert. Nur der Rest der Welt, die Menschen aus dem globalen Süden, müssen lernen, wie sie nicht kriminell werden, Besteck benutzen und Abendessen machen, ohne mit der Rassismuskeule einen Büffel zu erlegen und sich an seinem rohen Fleisch zu nähren.

Der »Westen« ist nicht besser als der Rest der Welt. In manchen Fällen ökonomisch reicher aufgrund von jahrhundertelangem Kolonialismus, Neokolonialismus und Angriffskriegen. Aber reich ist nicht gleich besser.

Nur weil mein Land finanziell arm ist, bin ich keine Höhlenfrau. Und es gibt sehr vieles, was Deutschland von armen Ländern lernen könnte.

»Westlich«, »modern«, »integriert« sind die drei Gegenseiten des rassistischen Klischees von »unzivilisierten«, »rückständigen« Muslim:innen, die nur im 21. Jahrhundert ankommen, wenn sie ihre eigenen Identitäten und Kulturen ablegen und leugnen, sich dafür schämen und dann »westlich« oder »gut integriert« werden.

»Integration« wäre was Gutes, wenn damit die Sprache zu lernen oder ähnlich nützliche Dinge gemeint wären. Doch zu lange bedeutete »Integration« eher Assimilation, während die deutsche Gesellschaft und Politik mit keinem Schritt auf die unter Assimilierungsdruck stehenden Menschen zuging.

Die Verurteilung von Menschen als »schlecht integriert« war Ablenkung vom eigenen Nicht-Handeln, war Vorwand und Ausrede für Rassismus, den viele Betroffene internalisierten und bei sich selbst die Schuld für Diskriminierung suchten. »Gut integriert sein« hingegen war das vermeintliche Ticket zur Akzeptanz – die aber nie kam. Es ist eine lange, schmerzhafte Geschichte, in deren Kern eine Lüge steht. Denn ich und Hunderttausende weitere Menschen mussten Deutschland verlassen, obwohl wir bestens integriert waren. Was zählte, war ausschließlich wirtschaftliches Ausbeutungspotenzial, gemischt mit Rassismus. Deshalb werden in Deutschland geborene Kinder, die sich als Deutsche fühlen und kein anderes Land kennen, abgeschoben, und Expats aus den USA, die nach zehn Jahren in Deutschland nicht mal wissen, wie sie auf Deutsch ihren überteuerten Hipster-Kaffee bestellen, können bleiben.

Für viele betroffene Menschen ist »Integration« deshalb ein wunder Punkt, eine Erinnerung an Rassismus und Traumata. Hinzu kommt der bereits erwähnte vermeintliche Kontrast zwischen den »Zivilisierten« und dem »rückständigen« Rest.

Also, bitte keine Kommentare oder »Komplimente« dazu, wie »gut integriert«, »modern«, und »westlich« Muslim:innen sind.

»Du bist Deutsche!« Eine der besonders problematischen Sachen, die ich bemerkt habe und über die sonst niemand redet, ist: »Deutsche« wird einfach als Synonym für »Menschen« benutzt.

In Sätzen wie »Immer mehr Deutsche leben vegan« oder »Millionen Deutsche haben das schöne Wetter genossen« geht es in Wahrheit nicht um Deutsche, sondern um Menschen, die in Deutschland leben (Veganismus-Beispiel) oder sich gerade in Deutschland aufhalten (Wetter-Beispiel). Nicht vergessen: Über 11 Millionen Einwohner:innen dieses Landes haben keine deutsche Staatsangehörigkeit.

Ich hatte mal einen schönen Tag in Düsseldorf, bis ich abends *RTL* einschaltete (ist uns allen mal passiert). In den News wurde natürlich über das schöne Wetter berichtet, weil es in Deutschland Nachrichtenwert hat, wenn mal die Sonne scheint. Dann sah ich genau den Teil des Rheinufers, an dem ich den Tag verbracht hatte, und die Sprecherin sagte: »Millionen Deutsche haben heute die Sonne genossen.« Aber: Ich hatte doch auch die Sonne genossen! Und zwar genau an dem Ort! Es fühlte sich ziemlich dreckig an, so ausgeschlossen zu werden.

Es klingt vielleicht nach Haarspalterei, aber wie gesagt ist erstens mit Spliss nicht zu spaßen und zweitens sind wir Nichtdeutschen über 10 % der Gesellschaft. Wenn nicht ausschließlich Leute mit deutscher Staatsangehörigkeit gemeint sind, sollte das auch nicht gesagt werden – besonders nicht in einem Land, das den Unterschied zwischen Deutschen und Nicht-Deutschen so wichtig nimmt.

Als ich das in einem Vortrag über diskriminierende Sprache im Journalismus erzählte, unterbrach mich eine Frau aus dem Publikum: »Aber du bist doch auch irgendwie Deutsche!« Ich antwortete: »Wenn ich wählen dürfte und in Deutschland bleiben dürfte, ohne Angst vor der Ausländerbehörde zu haben und so weiter, dann würde ich mich vielleicht irgendwann als Deutsche fühlen. Aber da mir an jeder Ecke gezeigt wird, dass ich nicht dazugehöre, wäre es auch bisschen weird.«

Immigrant:innen und Flüchtlingen Deutschsein aufzudrücken, während wir weiterhin ausgeschlossen, stark unterprivilegiert und diskriminiert werden, macht unsere Diskriminierung unsichtbar.

»Internationaler Familienhintergrund«, »bosnische Wurzeln«, »familiäre Verbindungen zu Bosnien« und ähnliche Formulierungen

Ich habe keine »bosnische Herkunftsgegeschichte« oder Ähnliches, ich bin einfach Bosniakin. Das ist absolut nichts Schlimmes, und es gibt absolut keinen Grund, so um den heißen Brei herumzureden.

Leute, die es doch machen, geben mir das Gefühl, sie würden

denken: Deutsche sind besser, also darf ich diese in Bosnien geborene, aufgewachsene und bis vor Kurzem in Bosnien lebende Tochter zwei bosniakischer Eltern nicht »Bosniakin« nennen. Wäre ja eine Beleidigung.

Die Verwirrung kommt vielleicht daher, dass viele *Deutsche* mit Migrationshintergrund ständig auf ihrem Deutschsein insistieren. Der Antirassismus-Diskurs wird, auf Seite der Betroffenen, dominiert von deutschen Akademiker:innen ohne Akzent und eigener Migrationserfahrung, nicht von Flüchtlingen oder Immigrant:innen. Deshalb geht es manchmal unter, dass Fragen wie »Woher kommst du?« und das Absprechen des Deutschseins nicht für alle rassifizierten Menschen verletzend sind.

Wenn eine Person nicht deutsch ist, dann kann das auch klar und deutlich so gesagt werden. Ausländisch sein ist keine Beleidigung, genauso wie deutsch sein kein Kompliment ist.

»Toller Einsatz für Integration!« Bei Instagram bekam ich eine Nachricht von einem Funk-Format (Online-Content-Netzwerk von *ARD* und *ZDF*, das sich an Jugendliche und junge Erwachsene richtet). Sie baten mich, eins ihrer Videos mit meinen Follower:innen zu teilen und schrieben, sie fänden es »richtig super«, dass ich mich »so stark für die volle Integration von Muslim:innen in Deutschland einsetze.«

Erstens mache ich nichts »für Integration« sondern gegen Rassismus.

Zweitens sind die Hälfte der Muslim:innen in Deutschland Deutsche, bei denen es also nichts zu integrieren gibt.

Drittens gibt es wahrscheinlich auch bei den meisten nicht deutschen Muslim:innen nichts zu integrieren.

Viertens ist Integration ein veraltetes, rassistisches Konzept, an dem nichts »richtig super« ist.

Fünftens war der Protagonist ihres Videos ein Deutscher ohne Migrationshintergrund, der zum Islam konvertierte, also doppelt und dreifach nichts mit Integration zu tun hat.

Sechstens bestätigen sie damit, dass in ihren Augen auch *Weiß*deutsche durchs Muslimischsein einen Teil ihres Deutschseins verlieren.

Und siebtens teile ich kein Video von Leuten, die über Muslim:innen berichten, obwohl sie so unfassbar wenig Ahnung von den absoluten Basics haben – denn ich weiß, dass ihr Beitrag nicht gut sein kann. Leute, die sich auch nur ein bisschen mit (antimuslimischem) Rassismus beschäftigt haben, sollten doch bisher mindestens einen Teil dieser Punkte mitbekommen haben.

Und noch mal zur Erinnerung: Die waren vom Jugendprogramm funk, das sich immer so »divers«, weltoffen und antirassistisch gibt.

Hört ihr dieses Zischen gerade? Das sind meine Karrierechancen, die sich mit jeder Kritik an deutschen Medien mehr und mehr in Luft auflösen.

»Frohe Weihnachten« Manche Muslim:innen stört es, wenn ihnen Frohe Weihnachten oder Frohe Ostern gewünscht wird, andere nicht. Was aber die meisten Muslim:innen stört oder uns negativ auffällt, ist, wenn Menschen, die wissen, dass wir muslimisch sind, uns jahrelang zu christlichen Feiertagen gratulieren, aber nicht zu islamischen.

Stellt euch vor, ich würde Christ:innen zu Weihnachten ignorieren, und später schreiben: »Ramazan šerif mubarek olsun! Möge dir Allah džellešanuhu das Fasten erleichtern und als Sevap annehnmen inšaAllah!«

Da würde ich bestenfalls als Freak und schlimmstenfalls als Terroristin gelten.

Aber viele Christ:innen und christlich sozialisierte Deutsche gratulieren einfach drauflos, egal ob die Empfänger:innen muslimisch, jüdisch oder buddhistisch sind. Meistens kommt es dadurch, dass Christ:innen nicht wissen, wie sie mit anderen Religionen umgehen sollen, da ihre so dominant ist (und ja, es geht wirklich nur um Christ:innen – noch nie erlebt, dass mir befreundete Sikhs, Buddhist:innen oder Hindus falsch gratulieren).

So was ist aber ziemlich respektlos und Begründungen wie »Ich musste halt nie daran denken, und jetzt, wo ich muss, tue ich's weiterhin nicht« sind keine guten Ausreden.

Schreibt einfach »Frohes Fest« oder »Schönen Ramadan«. Es muss keine besondere islamische Phrase sein, denn wir wissen ja, dass Nichtmuslim:innen diese nicht nutzen. Außerdem gratulieren sich auch muslimische Leute immer unterschiedlich, je nach Herkunftsland. Ich schreibe Bosnisch sprechenden Muslim:innen »Bajram šerif mubarek olsun«, Arabisch sprechenden »Eid mubarak«, Spanisch sprechenden »Feliz Eid« und so weiter.

Oft müssen auch Muslim:innen selbst googeln, wie in bestimmten Sprachen gratuliert wird. Dann vergessen wir es und googeln es wieder. Und wieder. Mittlerweile überlege ich, ob ich mir »Përhajr Bajrami« auf die Stirn tätowieren sollte oder einfach alle Verbindungen zu albanischen Muslim:innen beenden, weil ich mich vor Google schäme, wenn ich mal wieder nach »eid greetings in albanian« suche. Und sofort danach »albanisches e mit Punkten« suche, weil ich vergessen habe, die Phrase einfach zu kopieren. Also haben es Nichtmuslim:innen leichter: einfach »Frohes Fest« und fertig.

Habt ihr an andere Lebensrealitäten gedacht? Mal ein Beispiel, welches ich nicht rassistisch, sondern interessant finde: »Wir können das Meeting gern verschieben, weil ja jetzt alle im Vorweihnachtsstress sind und Geschenke kaufen müssen.« Alle? Wirklich alle, Lars? Also ich chille zu Hause und hätte Zeit. Ein echtes Problem ist hingegen, wenn nicht christliche Feiertage ignoriert werden. Oft werden irgendwelche »Diversity«-Workshops und Diskussionen ausgerechnet an Bajram gemacht. »Mehr BIPoC in die Medien! Der Workshop findet in unserem trendigen Kiez-Büro statt, am wichtigsten islamischen Feiertag – und wir wundern uns, warum keine Anmeldungen von Muslim:innen kommen. Seid dabei! Wir machen ein Gruppenfoto, damit wir euch beim nächsten Rassismus-Skandal als Ausrede instrumentalisieren können. #bunt #vielfalt #fckafd«

Sogar, obwohl, aber … Begriffe wie »sogar«, »obwohl« oder »aber« sind an sich schon wertend und können deshalb problematisch sein, egal ob sie gut gemeint sind oder nicht. »Es gibt muslimische Veganer:innen« ist ein normaler, unproblematischer Satz. »Es gibt sogar muslimische Veganer:innen« hingegen nicht. Das klingt, als wären muslimische Menschen zu unzivilisiert, herzlos und ignorant, um vegan zu leben – und die sprechende Person wäre geschockt, dass *sogar* sie vegan sein können. (Habe ich gerade Fleischfressende indirekt als herzlos und ignorant bezeichnet? Dreimal dürft ihr raten*.)

Modernes Kopftuch Eine Frau mit einem Kopftuch, welches nur die Haare bedeckt und nicht auch den Hals, wie es meistens üblich ist, wurde in einer Rassismus-Studie[1] so beschrieben: »Es wurde ein Kopftuch gewählt, das sehr modern gebunden wurde, um zu signalisieren, dass die Antragstellerin eine junge, moderne Frau ist, die problemlos in ein säkulares Umfeld passt. Angesichts der

* Fleisch ist Mord, go vegan.

Tatsache, dass ihr Hals nicht bedeckt war, war es unwahrscheinlich, dass sie in Bezug auf ihre Religion besonders streng war – geschweige denn radikal.«

Ich kenne nikabtragende Frauen, die total chillig und feministisch sind, sowie Frauen, die sehr freizügig bekleidet rumlaufen und krasse menschenfeindliche, antifeministische und generell ätzende Meinungen vertreten. Menschen können ihr Leben nach strengen religiösen Regeln ausrichten und andere akzeptieren, wenn diese das nicht tun – leben und leben lassen. Wie »modern« eine Person ist, muss nichts mit Gläubigkeit zu tun haben. Hinzu kommt, dass auch Gläubigkeit nichts mit Aussehen zu tun haben muss.

Als Person, die in einer fast komplett muslimischen Stadt aufgewachsen ist, kann ich euch bestätigen, dass Kopftücher nichts über die Gläubigkeit ihrer Trägerinnen aussagen. Es gibt sehr gläubige Frauen, die kein Kopftuch tragen, und viel weniger gläubige Frauen, die es tragen – weil es ihnen gefällt, weil es ihre Identität ausdrückt oder sogar, weil sie sich dadurch einen leichteren Karriereaufstieg innerhalb einer muslimischen Partei erhoffen. Ich könnte euch von sehr vielen kopftuchtragenden Frauen erzählen, die alles andere als gläubig, fromm, ehrlich oder überhaupt gutherzig sind. Schreckliche Menschen. Denn: Sie sind eben Menschen, kein Einheitsbrei.

Es gibt sehr vielfältige Gründe, ein Kopftuch zu tragen oder nicht zu tragen. Muslimische Frauen auf ihre äußerlichen Merkmale zu reduzieren ist also nicht »nur« creepy und daneben im historischen Kontext sexistischer Unterdrückung, sondern auch sinnlos.

Und eine bestimmte Art des Kopftuchs als modern zu bezeichnen, impliziert, dass Frauen, die ihr Kopftuch anders tragen, nicht modern sind.

Übrigens: Bei der oben erwähnten Rassismus-Studie über Diskriminierung von Muslim:innen bei der Arbeitssuche wurden die gleichen Bewerbungen an mehrere Unternehmen gesendet. Die einzigen Unterschiede: In der ersten Version hatte die Bewerberin einen »typisch« deutschen Namen, in der zweiten einen türkischen, und in der dritten trug sie auf dem Foto auch ein Kopftuch. Es war aber kein klassisches Kopftuch, welches den Hals bedeckt, sondern genau dieses, nur die Haare bedeckende, »moderne« Kopftuch. Es wurde auch gezielt gewählt, um zu signalisieren, dass die Frau eine »moderne Auslegung des Islams« lebt.

Bei der Studie kam heraus, dass die *weiß*deutsche Bewerberin in 19 % der Fälle zum Vorstellungsgespräch eingeladen wurde, die Muslima nur in 13,5 % der Fälle. Und wenn sie noch ein Kopftuch trug, schrumpfte diese Zahl auf vier Prozent. Überraschung: Das »Zeichen, dass sie eine moderne Auslegung des Islams lebt«, hilft nicht gegen Rassismus. Denn Rassist:innen reicht ja schon »Zeichen, dass sie lebt«, um draufloszuhaten.

Das Wichtigste: Genozid

• Geboren, gehasst, gefangen. Mit Mama und 70 anderen in ein Haus gesperrt. Lebend verbrannt. Das waren die einzigen zwei Tage im Leben eines namenlosen Mädchens aus Višegrad, Bosnien. Was sie wohl fühlte? Was ihre Mutter fühlte, als sie verstand, dass ihr kleiner Sonnenschein mit ihr sterben wird? Welchen Namen ihre Familie für sie hatte? All das werden wir wohl nie wissen, da sie alle gemeinsam ermordet wurden und die Kleine in ihren zwei Tagen Leben nicht mal eine Geburtsurkunde hatte. Sie ist eine von zu vielen Neugeborenen und Kindern, die heute sogar jünger wären als ich, ihr Leben vor sich hätten – wenn es ihnen nicht im letzten Genozid an Bosniak:innen entrissen worden wäre.[1] Ich konnte knapp fliehen, also erinnere ich und kläre auf – für meine ermordeten Freund:innen, die ich nie kennenlernte.

Ich habe es anfangs schon gesagt, Genozid ist das ultimative Verbrechen. Sogar mit allen Worten und Büchern der Welt wäre es unmöglich, auch nur einen Hauch des menschenverachtenden Grauens zu beschreiben, das mit diesem kurzen Wort zusammengefasst wird. Betroffene verschiedener Genozide sind Teil der deutschen Gesellschaft und schwer traumatisiert – wegen selbst überlebter Genozide, aber auch über Generationen hinweg, wegen Genoziden, die ihre Eltern, Großeltern und andere nahe Verwandte überlebt haben. Jede Leugnung, Verharmlosung oder noch so »kleine« Respektlosigkeit kann retraumatisierend und schädlich für die psychische Gesundheit von Betroffenen sein. Zusätzlich können Leugnungen und Verharmlosungen, insbesondere von Medien und Politik, für Betroffene lebensgefährlich sein. Denn es geht nicht »nur« um Trauma, sondern um reale Konsequenzen: Leugnung dient zur Vorbereitung des nächsten Ausrottungsversuches und stärkt die jeweilige Vernichtungsideologie. Es ist extrem gefährlich, Leugnung und Relativierung nicht zu bekämpfen oder sogar (unwissentlich) daran teilzunehmen.

Nehmt das bitte sehr, sehr ernst.

Genozid muss kompromisslos und ausnahmslos verhindert werden. Beim Reden und Schreiben über Genozid gilt: kein Spielraum, keine Relativierung, keine Ausreden. Trotzdem wird Genozid besorgniserregend oft verharmlost, verschwiegen, vergessen. Es ist sehr leicht, mit einem einzigen, falsch verwendeten Begriff unabsichtlich Genozide zu relativieren oder zu leugnen. Und das ist keine Kleinigkeit, denn Genozid besteht aus zehn Stufen[2] – Leugnung ist die letzte davon, und einer der wichtigsten Indikatoren für erneute Ausrottungsversuche. Somit ist sie ein wichtiger Bestandteil eines jeden Genozids. Menschen, die leugnen oder verharmlosen, machen sich mitschuldig und beteiligen sich an Ausrottung. Ich gehe mal davon aus, dass das nicht eure Absicht ist. Deshalb folgen hier einige wichtige Hinweise, um dies zu verhindern – wegen des Buchthemas nutze ich antimuslimische Genozide als Beispiele, aber natürlich ist das meiste auch auf andere übertragbar.

Genozid ≠ Massenmord

Oft wird Genozid mit Massenmord gleichgestellt. Das ist nicht nur falsch, sondern auch eine extreme Verharmlosung. Ein Massenmord ist die Tötung von (je nach Fachliteratur) mehr als drei oder vier Menschen[3], die sich nicht über einen längeren Zeitraum erstreckt, wie es bei Serienmorden der Fall ist. Beispielsweise war auch der rassistische Terroranschlag in Hanau ein Massenmord.

Vor allem aber: Genozid bedeutet nicht »viel Morden«. Laut UN-Genozidkonvention bedeutet es, vereinfacht gesagt, die Ausführung einer von mehreren möglichen Taten, um eine Menschengruppe auszurotten. Mord ist dabei eine Methode, andere sind Zwangssterilisationen, die erzwungene Überführung von Kindern der Gruppe in eine andere, die Erschaffung von Umständen, die ein Überleben unmöglich machen und vieles mehr.

Der Begriff »ausrotten« klingt entmenschlichend, als ginge es um Tiere. Aber das ist der Punkt: Die Täter:innen sehen die Opfer nicht als Menschen. Deshalb nutzt auch die UN-Genozidkonvention explizit den Begriff »ausrotten« (auf Englisch »exterminate«).

Es gibt also riesige Massenmorde, in denen Hunderttausende Menschen sterben, die aber keine Genozide sind. Die Bombardierung Deutschlands im Zweiten Weltkrieg hatte nicht das Ziel, Deutsche auszurotten, und war somit kein Genozid. Genauso gibt es Genozide, bei denen direkte Ermordung nicht die Hauptmethode zur Ausrottung war/ist.

Im Kontext der Genozide gegen muslimische Menschen betrifft dies insbesondere den aktuellen Genozid gegen Uigur:innen, ethnische Kasach:innen und Kirgis:innen, sowie andere muslimische Turkvölker. Durch Zwangssterilisationen und Zwangsabtreibungen ist die Geburtenrate in Hotan und Kashgar allein zwischen 2015 und 2018 um ganze 60 % gesunken.[4]

So kann behauptet werden, es gäbe keinen Genozid, da es »wenige« Morde gibt, aber die Menschengruppe wird durch fehlende neue Generationen langsam reduziert, bis zu ihrer Ausrottung. Mit der gleichen Argumentation wurden und werden viele Genozide an indigenen Menschen weltweit geleugnet, welche auch Zwangssterilisation erlitten.

»Massenmord« als Synonym für Genozid zu nutzen ist auch deshalb gefährlich, weil sich so bei Leuten die falsche Idee eingebrannt hat, ein Verbrechen wäre nur dann ein Genozid, wenn »viel gemordet« wird. Sogar Regierungen verstecken sich hinter dieser Argumentation, um nicht eingreifen zu müssen – und der Genozid geht weiter.

Genozid immer benennen

Wenn etwas von Genozidforscher:innen oder anderen Expert:innen als Genozid eingestuft wird, muss es auch so benannt werden.

Viele Menschen greifen Leugnungen auf und nutzen verfälschende Begriffe, weil sie nicht gut genug informiert sind und denken, ein Genozid wäre erst dann einer, wenn ihn Regierungen oder internationale Gerichte anerkennen. Das ist falsch.

Wisst ihr, was der erste Genozid der Weltgeschichte war, der von einem internationalen Gericht als solcher eingestuft wurde? Und in welchem Jahr? Ratet mal …

Es war der Genozid an den Tutsis in Ruanda, der 1998 gerichtlich anerkannt wurde. Es ist also erst 25 Jahre her. Der zweite jemals in der Weltgeschichte von einem internationalen Gericht anerkannte Genozid ist der letzte Genozid an Bosniak*innen, 2001 erstmals vom UN-Tribunal als Genozid beurteilt. Der dritte, 2018, der Genozid der Khmer Rouge in Kambodscha.

Und das war's. Nur drei Genozide in der gesamten Weltgeschichte wurden von internationalen Gerichten anerkannt. Drei.

Nicht mal der HOLOCAUST wurde bisher von einem internationalen Gericht als Genozid anerkannt. Lasst das mal einen Moment sacken.

Die Hürden, um Genozide gerichtlich zu beweisen, sind unbeschreiblich hoch und in vielen Fällen unmöglich zu überwinden. Falls ein Gericht einen Genozid oder einen seiner Teile so einstuft – super. Das ist aber eher ein *Zusatz*erfolg gegen weitverbreitete Leugnung, nicht die einzige oder wichtigste Basis für die Anerkennung eines Genozids.

Denn die meisten Genozide wurden niemals gerichtlich anerkannt. Der Porajmos, also der Teil des Holocausts, der sich auf den Genozid an Roma und Sinti bezieht, wurde vom Bundesgerichtshof sogar als NICHT-Genozid beurteilt, 1956 und noch mal 1963. Die Menschen wurden ja nicht aus rassistischen Gründen verfolgt, sondern, Zitat Bundesgerichtshof im Jahr 1956, »[...] weil ihnen wie primitiven Urmenschen ein ungehemmter Okkupationstrieb eigen ist«.[5]

Und Entschädigungen an überlebende Roma und Sinti gab es auch meist nicht, denn die Menschen waren ja eine »Landplage« und der Holocaust an ihnen nur eine »vorbeugende Sondermaßnahme«, wie es der Bundesgerichtshof formulierte.

Ich hoffe, dieses Beispiel macht es glasklar: Es ist nicht der Job von Regierungen oder Gerichten, Genozide als solche zu kategorisieren. Es ist der Job von Genozidforscher:innen und anderen Expert:innen. Genau wie bei »milderen« Formen von Rassismen gilt nämlich auch bei Genozid: Es ist kein Bauchgefühl, sondern eine wissenschaftlich erfassbare und somit klar benennbare Tatsache. Es gibt eine ganze Disziplin, die sich nur genau damit beschäftigt. Genozidforscher:innen können sogar voraussagen, welche Situationen sich zu Genoziden entwickeln könnten, da die Muster und Prozesse meist ähnlich ablaufen. Es gibt genaue Kriterien dafür, wann und warum etwas als Genozid eingestuft wird.

Deshalb wissen wir schon jetzt, dass auch die Genozide gegen Uigur:innen und andere muslimische Turkvölker sowie gegen Rohingya Genozide sind – obwohl sie noch immer passieren. Würden wir auf Gerichtsurteile warten, müssten noch mehr Menschen leiden und sterben als ohnehin.

Und: Genauso wie es Klimawandel-leugnende Wissenschaftler:innen und Corona-»skeptische« Ärzt:innen gibt, so gibt es auch Genozidforscher:innen, die einzelne Genozide leugnen. Solche Ausnahmen dürfen nicht verunsichern: Wenn eine große Anzahl von Genozidforscher:innen etwas als Genozid einstuft, dann ist es auch einer.

Ein besonders eklatantes Beispiel geballter sprachlicher und journalistischer Inkompetenz zum Thema findet sich im *Spiegel*.[6] Die muslimische Minderheit der Rohingya in Myanmar erleidet einen der klarsten Genozidfälle unserer Zeit.

• Sie werden systematisch ermordet, ver**waltigt, lebend verbrannt.

Die Journalistin aber schreibt unter anderem:

- Die Vereinten Nationen sprechen von einem »Genozid«
- Die Menschenrechtsorganisation Fortify Rights hat die »genozidalen« Angriffe der Armee auf Rohingya in Myanmar eingehend untersucht.

Hier gibt es viel zu kritisieren. Wenn sogar schon die notorisch langsame und vorsichtige UNO von einem Genozid spricht, dann ist es einer. Zweifellos. Warum wird das beim *Spiegel* hinterfragend und leugnend in Anführungszeichen gesetzt? Warum denkt eine random deutsche Journalistin, ihre Einschätzung wäre legitimer als die der UNO? Auf welchem Ego-Trip ist die *Spiegel*-Redaktion, sich über die UN und Genozidexpert:innen zu stellen? Stellt euch diese Anführungszeichen zu anderen Genoziden vor – das ist zu Recht inakzeptabel.

Aus dem gleichen Text stammt auch dieser skandalöse Satz: »Die Genozid-Vorwürfe weist sie zurück.«

»Rassismus-Vorwürfe«, »Genozid-Vorwürfe« – Rassismus und Genozid haben konkrete Definitionen und sind in der Regel unbestreitbar. Dann ist nicht von »Vorwürfen« zu reden. Fakten sind keine Vorwürfe. Korrekt formuliert, müsste es heißen: »Sie leugnet den Genozid« oder auch »Sie ist Genozidleugnerin«. Hier wird eine Völkermörderin (unwissentlich?) in Schutz genommen, indem ein eindeutig belegter Fall von Genozid, für den sie mitverantwortlich ist, als ergebnisoffen diskutierbarer Vorwurf relativiert wird. Unreflektierter Sprachgebrauch und Ignoranz sind keine Ausreden.

Weiter geht es mit dem gleichen Text: »Das mehrheitlich muslimische Gambia beschuldigt Myanmar des Völkermords an der muslimischen Minderheit der Rohingya. […] In der vergangenen Woche haben sich Kanada und die Niederlande dem Vorstoß Gambias angeschlossen.«

Noch mal: Gambia »beschuldigt« nicht, sondern stellt fest. Und warum wird Gambia als mehrheitlich muslimisch beschrieben, aber Kanada nicht als mehrheitlich christlich und die Niederlande nicht als mehrheitlich atheistisch? Es erweckt den Eindruck, die Klage sei weniger ernst zu nehmen, weil es ja muslimische

Menschen sind, die einen Genozid an anderen muslimischen Menschen beenden wollen – die »Unobjektiven«, »Voreingenommenen«, die zusammenhalten. Dass mehrheitlich christliche oder atheistische Staaten auch dabei sind, wird nicht klar thematisiert. Dass Rohingya zwar mehrheitlich, aber nicht alle muslimisch sind – und Gambias Klage alle Rohingya schützen möchte, unabhängig von Religionszugehörigkeit, auch nicht.

Auch in anderen Medien wird Gambia im gleichen Kontext als »muslimisch geprägt« oder ähnlich beschrieben. Interessanterweise gibt es in vielen Medien gar keinen Hinweis darauf, dass die mordende Gruppe buddhistisch ist, es sich häufig sogar um buddhistische Mönche handelt. Hauptsache ein undifferenziertes, rassistisches Weltbild erhalten, in dem muslimische Leute immer Täter sind und buddhistische immer perfekte, handlungsunfähige Selbstfindungsobjekte für reisende Hipster.

Sogar ich als Journalistin muss mich da fragen: Was denken manche Journalist:innen, wer sie sind? Woher nehmen sie sich die Freiheit ohne Ahnung und voller Ignoranz zu jedem Thema, inklusive Genozid, zu schreiben und dabei so viel zu versauen? Woher nehmen sie sich das Recht, einen Genozid einfach so umzudefinieren und hinterfragend in Anführungszeichen zu stellen, obwohl schon Genozidforscher:innen, Menschenrechtsorganisationen, Regierungen und sogar UN-Mitarbeiter:innen feststellten, dass es einer ist?

Noch mal: Wenn unter Genozidforscher:innen weitgehende Zustimmung besteht, etwas als Genozid zu kategorisieren, dann muss das auch so geschrieben werden. Sonst wird Völkermörder:innen der Weg geebnet, weil die internationale Gemeinschaft Ausreden hat, nicht einzugreifen. Also: Genozid und alle dazugehörigen Fakten müssen unbedingt so benannt werden. Punkt.

Hinzu kommt: Leugner:innen verstecken oft ihre menschenverachtende Ideologie und sagen Dinge wie »Das war ein schreckliches Massaker« – verwenden aber niemals den Begriff Genozid. Das ist eine altbekannte Strategie. Dem muss sich mit einer eindeutigen, klaren Benennung und Positionierung entgegengestellt werden – und zwar *jedes* Mal, wenn Genozide thematisiert werden. Keine »brutale Verfolgung«, »Ermordungen«, »Tragödie«, sondern Genozid.

Und: »Das Massaker von Srebrenica« ist sowieso falsch, weil es dort vier Jahre lang unzählige Massaker gab, nicht eins.[7] Das ist, als würde ich ein Auto klauen, damit zu irgendeinem Haus fahren und die ganze Familie im Haus ermorden, und Medien würden anschließend berichten, ich hätte im Parkverbot geparkt. »Massaker« und »Genozid« sind einfach zwei komplett unterschiedliche Verbrechen, und Genozide »Massaker« zu nennen, ist eine extreme Verharmlosung.

Sprachliche Distanzierung

Formulierungen wie »Die Verbrechen in Srebrenica werden von internationalen Gerichten als Genozid eingestuft« entlarven, dass die Schreibenden/Sprechenden den Genozid selbst nicht anerkennen, sich davon distanzieren und die »Schuld« für diese Einstufung stattdessen auf Gerichte schieben.

Wenn sich jemand davor drückt, den Begriff »Genozid« zu nutzen, und es nur tut, wenn er andere zitiert (egal ob Gerichtsurteil, Expertin oder Regierungen), dann wird Genozid von Fakt auf Einschätzung degradiert. Komplette Red Flag, die ich oft bei serbischen Journalist*innen bemerke, welche ihren Nationalismus verstecken möchten.

Schauen wir uns mal die Faktenlage an: Der Genozid gegen Bosniak:innen wird von Genozidforscher:innen und anderen Expert:innen so kategorisiert. Er wird von der gesamten EU[8], den USA[9] und zahlreichen Parlamenten weltweit anerkannt, ist mehrfach gerichtlich festgestellt worden, ist auf *Millionen* Seiten dokumentiert[10] und mit dem größten forensischen DNA-Identifikationsprojekt der Weltgeschichte belegt.[11] Er ist einer von nur drei Genoziden der Weltgeschichte, die von einem internationalen Gericht anerkannt wurden, wurde von mehreren weiteren Gerichten weltweit als solcher eingestuft und führte sogar zum allerersten Genozid-Urteil in der Geschichte Deutschlands.* Trotz all dem weigern sich Leute, ihn einfach Genozid zu nennen. Das ist Genozidleugnung.

Es gibt absolut keinen Grund für distanzierte und kleinredende Formulierungen, vor allem, wenn diese den falschen Eindruck erwecken, Gerichte wären dafür verantwortlich, Genozide als solche zu kategorisieren.

Solche Formulierungen sind nur o.k., wenn es um aktuell stattfindende Genozide geht, deren Status noch immer, leider, umstritten ist.

* Das historische Urteil zum Genozid in Doboj, gegen den genozidalen Mörder nikola jorgić, war das allererste Mal, dass ein deutsches Gericht jemanden wegen Genozid schuldig gesprochen hat. nikola lebte über 20 Jahre lang in Deutschland und war weiterhin ungehindert serbischer Nationalist. Deshalb reiste er 1992 extra nach Bosnien, um Bosniak:innen zu ermorden. • Mit 30 weiteren serbischen Männern ging er von Dorf zu Dorf, Haus zu Haus. Im ersten Dorf hat er 22 Menschen, darunter hilflose ältere Menschen, ein Kind und acht Menschen mit Behinderung mit eigenen Händen ermordet. Im nächsten Dorf nahm der Dutzende Bosniak:innen gefangen und folterte sie. Sechs davon ermordete er, eine siebte Person warf er auf den Leichenhaufen und verbrannte sie lebend. Er bekam vierfach lebenslänglich und verreckte 2014 in seiner Zelle. Danke, Deutschland!

Wie gesagt: Regierungen und Gerichte sind die allerletzten Instanzen der Genozidanerkennung: wichtige *Zusatz*belege, aber nicht entscheidend.

Sprachliches Victim Blaming

Genozide funktionieren nicht ohne die Zustimmung und Kollaboration eines großen Teils der Bevölkerung. Um diese zu bekommen, reicht Hass nicht aus – es muss Angst geschürt werden. Deshalb wurde von den genozidalen Seiten behauptet, Tutsis hätten den damaligen Präsidenten Ruandas ermordet, »jüdische Eliten« würden die Welt kontrollieren, und Bosniak:innen würden einen Genozid gegen Serb:innen planen, statt zuzugeben, dass das Umgekehrte der Fall war.

Seit dem 11. September 2001 und dem damit einhergehenden weltweiten Anstieg an antimuslimischem Rassismus, wurde genozidalen Ideologien ein neuer Angsttrick gegen ihre muslimischen Opfer geschenkt: Terrorismus. In fast allen seitdem stattfindenden Genoziden gegen Muslim:innen wurde behauptet, die Opfer seien Teil von Terrorgruppen und die Regierungen/Milizen müssten einfach durch Gewalt ihre Bevölkerung vor Terrorismus schützen. Sogar serbische Faschos änderten ihre Propagandaausreden retroaktiv und sprachen plötzlich, zehn Jahre nach Anfang des Mordens, von Terrorismus, obwohl es keine einzige bosniakische Terrororganisation gab oder gibt.

Und wenn die Regierung Chinas diesen Vorwurf erhebt, gilt er interessanterweise nur für Uigur:innen, aber ethnische Kasach:innen und Kirgis:innen werden in dieselben Konzentrationslager gesperrt, obwohl sie nicht mal laut der Regierung unter Terrorverdacht stehen. Wenn's nicht tödlich wäre, wäre es peinlich.

Auf jeden Fall zeigt es, wie beliebig und manipulierend das Terrorismus-Argument von den Machthabenden herangezogen wird.

Unter dem Vorwand der »Terrorbekämpfung« greift die chinesische Regierung jeden Aspekt uigurischen Lebens an. Als Begründung für »extremistische Tendenzen« gelten schon Dinge wie ins Ausland reisen, zu islamischen Feiertagen gratulieren, Uigurisch sprechen oder beten. Eine tiefe Angst durchdringt die Gemeinde – von Arbeit bis Freizeit, von Alltag bis Hochzeit. So schrieb die uigurische Ethnografin Dr. Rahile Dawut: »Aus Angst, dass ihre Hochzeitsvideos bei polizeilichen Durchsuchungen überprüft werden und extremistische Tendenzen aufweisen könnten, kontrollierten Familien und Produktionsfirmen ihre Inhalte sorgfältig, und Bilder von Mekka und die Klänge des rezitierten Kur'an verschwanden aus uigurischen Hochzeitsvideos.«[12]

Die chinesische Regierung nennt die Konzentrationslager verfälschend »Berufsbildungszentren«. Doch dort werden Millionen Menschen – Popstars, Professor:innen, Wissenschaftler:innen – gefangen gehalten. Wozu brauchen sie »Berufsbildung«? Wozu brauchen Bäuer:innen, die genau wissen, was sie tun und seit Jahrzehnten von ihrer Arbeit leben, »Berufsbildung«? Oder Menschen, die längst in Rente sind?

Zu gefangen gehaltenen Uigur:innen gehört auch die oben zitierte Ethnografin Dr. Rahile Dawut. Die Wissenschaftlerin reiste 2017 beruflich nach Peking und kam nie wieder zurück. Die chinesische Regierung weigerte sich jahrelang, Auskunft über ihren Standort zu geben. Fast vier Jahre nach ihrem Verschwinden wurde bestätigt: Sie ist in einem Gefängnis eingesperrt. Dr. Dawut war über 30 Jahre lang Mitglied der kommunistischen Partei, war bei Weitem keine »Extremistin« – nicht mal nach Definition der chinesischen Regierung, welche Teile ihrer Forschung finanzierte. Doch bei jedem Genozid gehören Intellektuelle zu den ersten Opfern, die aus dem Weg geräumt werden müssen. Dr. Dawuts Tochter lebt in den USA und rief jahrelang unter dem Leitsatz »Free my Mom« (»Befreit meine Mama«) dazu auf, Abgeordnete zu kontaktieren, Petitionen zu unterschreiben, die Bücher ihrer Mutter zu zitieren und somit ihre Stimme zu stärken. Das mache ich hier gern, denn dies ist ein eindrückliches Beispiel dafür, dass dieser Genozid jetzt passiert – und zwar »normalen« Menschen, die vor Ort oder auch mitten unter uns in Deutschland, den USA oder Australien lebten und wegen einer Reise jetzt unermessliche Gewalt erleiden.

Dr. Dawut ist nur eine von Millionen Uigur:innen, ethnischen Kasach:innen und Kirgis:innen, die gefangen gehalten werden. Deshalb ist es unfassbar wichtig, kriminalisierende Formulierungen wie die folgenden nicht zu nutzen:

»Millionen verdächtige Uiguren in Lagern«

»Millionen in *Straf*lagern«

Das gilt natürlich auch für andere Genozide. So eine Phrase ist zum Beispiel: »Myanmars Regierung greift durch gegen mutmaßliche Terroristen«

• Seit wann sind es »Anti-Terror-Maßnahmen«, Zehntausende Frauen und Kinder zu ver**waltigen, Menschen lebendig ins Feuer zu werfen oder mit Kopfschüssen zu exekutieren und fast eine Million Menschen aus ihrer einzigen Heimat zu vertreiben, nachdem sie schon seit Jahrzehnten unter erschütternden Menschenrechtsverletzungen leiden? Hier werden Genozidopfer einfach so als »mutmaßliche Terroristen« bezeichnet.

»8000 muslimische Männer und Jungen«

Um zu zeigen, wie viel Schaden mit nur einem oder einer Handvoll Begriffen angerichtet werden kann, analysiere ich jetzt mal die in fast jedem Beitrag zu Srebrenica auftauchende Phrase »8000 muslimische Männer und Jungen«. Nie vergessen: Der letzte Genozid an bosnischen Muslim:innen dauerte von 1992 bis 1996 im ganzen Land und forderte weitaus mehr Opfer als 8000.[13] Srebrenica ist eine unserer tiefen Wunden, so wie Višegrad, Prijedor, Foča, Sarajevo, Goražde, Doboj und zahllose andere Orte.

Ich fange an mit »8000«. Die Srebrenica-Gedenkstätte nennt derzeit die Zahl von 8372 Opfern – nicht ohne den Zusatz »über«.[14] Denn von einer hohen Dunkelziffer muss ausgegangen werden. Wenn ganze Familien ermordet wurden, war nämlich kein Mensch mehr übrig, die Toten registrieren zu lassen. Es wäre also richtig, zumindest »mehr als 8300« zu schreiben, statt bloß »8000« oder sogar »7000«, wie es manche ohne jegliche Faktenbasis aus dem leugnenden Arsch ziehen. Übrigens ist das Verkleinern von Opferzahlen auch Genozidleugnung.

8372 ist die Zahl der bisher identifizierten Opfer, die in mehreren Massakern in nur wenigen Tagen im Juli 1995 ermordet wurden – also wohlgemerkt nicht die Zahl der zwischen 1992 und 1995 insgesamt in Srebrenica, im landesweiten Genozid außerhalb Srebrenicas oder im Krieg getöteten Menschen. Im gesamten Bosnienkrieg starben über 104 000 Menschen[15] – in einem Land, in dem weniger Menschen leben als in Berlin.

Weiter geht's mit dem Wort »muslimisch«. Bosniak:innen sind eine südeuropäische, muslimische Ethnie, die aus Bosnien stammt, aber auch im Sandžak (Südserbien und Nordmontenegro) die Mehrheit der Bevölkerung ausmacht. Außerdem leben in Bosnien noch andere ethnische Gruppen. Die meisten dieser Menschen sind bosnisch, aber nicht bosniakisch. Vereinfacht kann man sagen, wie ich es bereits schrieb: Bosniak:innen sind bosnische Muslim:innen. Nicht alle Menschen aus Bosnien sind vom Genozid betroffen – nur Bosniak:innen (also Muslim:innen). Und trotz bester Absichten ist es bodenlos peinlich und gefährlich, wenn Leute bosnische Serb:innen, bosnische Kroat:innen oder andere Nicht-Bosniak:innen als Betroffene sehen oder behandeln.

Bosnische Muslim:innen durften sich im ehemaligen Jugoslawien nicht als Bosniak:innen bezeichnen. Erst 1971 wurden sie zur »konstitutiven Volksgruppe« – und selbst dann bloß als »Muslime im ethnischen Sinn«, was ihre historische und kulturelle Identität leugnete. Das Recht, sich Bosniak:innen zu nennen, konnten sie sich erst mit Bosniens Unabhängigkeit 1992 erkämpfen.

Es ist natürlich wichtig und richtig, zu benennen, dass die Opfer des Genozids muslimisch sind. Antimuslimischer Rassismus spielte eine große Rolle beim Genozid. Der Fehler liegt jedoch darin, bei den Opfern *ausschließlich* die Religion zu nennen, während bei den Täter:innen im gleichen Text nie die Religion, sondern immer die Ethnie (»serbisch«) genannt wird. Wenn die Opfer seit Jahren als muslimisch identifiziert werden, dann müssen die Mordenden auch endlich mal »christlich« genannt werden. Es wäre nicht nur korrekt, sondern hätte auch eine kathartische Wirkung für Europa, die Völkermordenden endlich als *weiße*, europäische Christ:innen zu markieren, statt sie weiterhin einzig mit einer Ethnie zu identifizieren, die den meisten auf dem Kontinent fern, anders, fremd und unbekannt vorkommt.

Hinzu kommt die bereits erwähnte lange Verfolgungsgeschichte von Bosniak:innen sowie die Tatsache, dass die bloße Existenz dieser Ethnie geleugnet wird durch faschistische Verschwörungstheorien, die besagen, dass Bosniak:innen in Wahrheit alle nur »islamisierte Serb:innen« oder Türk:innen wären. In Deutschland und im »Westen« läuft Nationalismus und Hass oft durch Ausgrenzung, durch das Markieren der Opfer als fremd und anders. In Serbien, Russland und anderen Ländern funktioniert Nationalismus ebenfalls ausgrenzend, aber oft auch vereinnahmend. Beispiel: »Ukrainer*innen sind uns so ähnlich, eigentlich sind sie Russ:innen – daher haben wir auch einen Anspruch auf ihr Land.« Oder »Bosniak:innen sind muslimische Serb:innen, also ist ihr Land eigentlich ein Teil von unserem heiß ersehnten Großserbien.«

Merkt euch das, sonst fallt ihr drauf rein, wenn russische oder serbische Nationalist:innen ihre Unterstützung für Angriffskriege hinter »Wir sind doch so ähnlich« und Friede-Freude-Schokokuchen-Rhetorik verstecken.

Auch zu diesem Punkt könnte ich weiter ausführen, wie schmerzvoll und gefährlich dies ist. Aber ich glaube, die Basics sind angekommen und ihr versteht, dass die Reduzierung aufs bloße Muslimischsein inakzeptabel ist. »Bosniak:innen, also Muslim:innen« ist die beste Lösung, da beides wichtig ist.

Kommen wir nun zu »Männer und Jungen«. Dieser Teil der oft wiederholten Phrase macht ermordete Frauen und Mädchen unsichtbar. Von ihnen sind über 570 bisher identifiziert.[16] Außerdem können auch ermordete Neugeborene und Babys nicht unter »Jungen« oder »Jugendliche« zusammengefasst werden.

Hinzu kommt, dass Genozid, wie gesagt, über Morde hinausgeht.

biljana plavšić, die Vizepräsidentin von radovan karadžićs selbst ernannter »Serbischen Republik«, vertrat einen extremen biologistischen Rassismus.

In einem Interview mit der serbischen Zeitung Svet erklärte

sie 1993: »Es war genetisch entstelltes Material, das den Islam angenommen hat. Und jetzt wird es natürlich mit jeder weiteren Generation einfach nur noch konzentrierter. Es wird schlimmer und schlimmer. Es drückt sich einfach aus und diktiert ihre Art zu denken, die in ihren Genen verwurzelt ist. Und im Laufe der Jahrhunderte sind die Gene weiter verfallen.«[17]

** Systematische Vergewaltigungen wurden gezielt als Genozid-Methode genutzt, um Bosniakinnen psychisch und körperlich zu brechen und zu zwingen, Kinder mit »serbischem Blut« zu gebären.[18] Dass während des Bosnienkrieges 50 000 Frauen und Mädchen vergewaltigt wurden[19], war keine Nebenwirkung des Genozids, sondern ein Teil davon.

Menschlich erzeugte und gezielt gesteuerte Hungersnot ist auch keine Nebenwirkung des Genozids, sondern ein Teil davon – und die Hungersnot in Srebrenica, Žepa, Goražde und anderen Teilen Bosniens war extrem. Ein weiteres der vielen Probleme dieser Phrase ist: Leugnende sagen oft, Srebrenica sei kein Genozid, da ja »nur« oder »überwiegend« männliche Personen ermordet wurden. Oft fügen sie hinzu, dass die Männer bewaffnet gewesen seien und die Gewalt gegen sie bloß Notwehr. Auf diese eklige Lüge zielen auch Formulierungen wie »Männer und Jungen im wehrfähigen Alter« ab. Auch darum ist »Männer und Jungs« ohne Kontextualisierung so gefährlich.

Außerdem wird Srebrenica neuerdings von frauenfeindlichen »Männerrechtlern« missbraucht, um zu »belegen«, dass Männer diskriminierter seien als Frauen. Auch hier gilt: vollkommene Verdrehung der Tatsachen: Erst wird die Ermordung von Frauen und Mädchen geleugnet und bewusst sprachlich ausgeklammert, dann wird aus der Ermordung von »ausschließlich« Männern und Jungen eine »Realität«, die genutzt wird, um den Genozid an Bosniak:innen sowie Sexismus weltweit zu leugnen.

Ja, kaum zu fassen, dass man sooo viele Fehler in die kurze Phrase »8000 muslimische Jungen und Männer« packen kann. Wer unbedingt die Weltmeisterschaft im Bullshit-Erzählen gewinnen möchte, kann's ja gern versuchen, aber doch nicht beim Thema Genozid.

Und ausgerechnet mit diesem hoch dosierten Bullshitkonzentrat wird in fast allen deutschen Medien der Genozid beschrieben und verzerrt.

Alle Seiten

Das ist einer der mit Abstand größten und gefährlichsten Fehler. Mit »es gab Verbrechen auf allen Seiten« bemühen sich Menschen um eine scheinbar neutrale, haltungsbefreite Formulierung – betreiben so aber Genozidverharmlosung. Dies gilt nicht nur für die ausdrückliche Nutzung der Phrase »alle Seiten«, sondern auch für Framings oder ungenaue Formulierungen, in denen der Eindruck entsteht, es handle sich um einen ausgeglichenen Krieg oder »Konflikt«, an dem alle eine gleich große Verantwortung/ Schuld tragen. Dass dieses falsche Ausgleichen Genozidleugnung ist, sollte in Deutschland spätestens bekannt sein, seitdem Neonazis anfingen, mit der Bombardierung Dresdens zu »argumentieren«, um die Alliierten auf eine Stufe mit den Nazis zu stellen.

Um euch das Ganze noch etwas zu verdeutlichen, komme ich noch mal auf Bosnien zu sprechen: Es wird oft fälschlicherweise behauptet, der Bosnienkrieg sei Resultat des »Pulverfasses Balkan«, in dem die ach so unzivilisierten »Balkan«-Leute sich alle gegenseitig ermordeten. Nein. Der damalige Präsident Serbiens milošević startete mehrere Angriffskriege, um ein Großserbien zu erschaffen und Genozid an Bosniaken zu verüben.[20] Kurz danach versuchte auch der Präsident Kroatiens, auf Kosten Bosniens ein »Großkroatien« zu errichten.[21]

Die Armee Bosniens hingegen war eine multiethnische, multireligiöse Armee, mitgeführt von einem serbischen und einem ethnisch kroatischen General, die die Leben der Angegriffenen retten[22] wollten. Das sind die »Seiten«. Sie sind nicht gleich, nicht mal vergleichbar. Wenn ihr's bei der Ukraine checkt, dann bitte auch bei anderen Angriffskriegen.

Und: Laut Untersuchungen mehrerer internationaler Organisationen, inklusive der UN, verübten serbische Nationalist:innen die überwiegende Mehrheit aller Kriegsverbrechen im Bosnienkrieg – mindestens 90 Prozent.[23] Mit dem Rest können sich wohl kroatische Nationalist:innen »rühmen«. Ein winziger Teil der bleibt, verteilt sich auf alle anderen Seiten zusammengezählt, inklusive der privaten Arschloch-Armee eines westbosnischen Millionärs. Also wenn ihr über Verbrechen von Bosniak:innen reden wollt, bitte erst mal über diesen Psycho und seine »NOZB«.

Unter den ermordeten zivilen Opfern im gesamten Krieg waren offiziell mehr als 83 % bosniakisch[24] – und in Wahrheit ist ihr Anteil noch viel größer, da viele ihre ermordeten zivilen Familienmitglieder als Soldaten anmeldeten, um finanzielle Unterstützung vom Staat zu bekommen. Und auch unter den 17 %, die nicht bosniakisch sind, gibt es viele von serbischen Truppen ermordete Menschen verschiedener Ethnien sowie serbische Zivilist:innen, die ermordet wurden, weil sie friedlich mit ihren nicht serbischen Mitmenschen leben wollten.[25] Allein in Sarajevo wurden über 1000 serbische Zivilist:innen, inklusive Babys, von serbischen Truppen ermordet. Von den 104372 namentlich bekannten Todesopfern des Krieges sind 4000 serbische Zivilist:innen, also 3,8 % der Toten.[26] Und wie gesagt: Mindestens ein Viertel davon ermordet von anderen Serb:innen.

In Ostbosnien war es sogar noch schlimmer: Mindestens 95 % der zivilen Opfer waren bosniakisch.[27] Von den im Juli 1995 in Srebrenica ermordeten Menschen waren 8370 Opfer muslimisch und 2 katholisch – alle von der »serbischen Seite« ermordet.[28]

Wie kann bei diesen klaren Fakten von »allen Seiten« die Rede sein? Wie können Menschen ihre »alle Seiten«-Verharmlosung damit begründen, sie würden Serbien vor »Hass« und »Hetze« schützen – obwohl die Ideologie, die sie in Schutz nehmen, auch zur Ermordung von Serb:innen führte? Auch Formulierungen wie »alle Seiten haben Kriegsverbrechen begangen, aber die serbische mehr« sind verharmlosend. Denn, obwohl es stimmt, dass alle Verbrechen begangen haben, unterscheiden sich diese nicht »nur« im Hinblick auf die Anzahl begangener Verbrechen, sondern auch in ihrem Ausmaß, der Art und Weise sowie der Motivation und Systematik. karadžićs und miloševićs Mörderbanden verübten strategisch und systematisch Kriegsverbrechen. In der Armee Bosniens* hingegen waren Kriegsverbrechen schändliche Ausnahmen, die in den meisten Fällen verurteilt und bestraft wurden.

Genozid ist mit nichts zu vergleichen oder kleinzureden, und wenn ihr das bei Neonazis und Dresden versteht, dann leistet bitte das bisschen Transferleistung in Bezug auf Bosniak:innen, Rohingya, Uigur:innen und andere.

* Als Bosnien angegriffen wurde, war es zwar schon unabhängig, hatte aber überhaupt keine Armee. Deshalb konnte am Anfang des Genozids 1992 so viel und so schnell gemordet werden – die Zivilist:innen waren schutzlos ausgeliefert. Die Armee Bosniens war ein hektisch gegründeter Zusammenschluss von Zivilist:innen, die die Wahl hatten, im Keller auf den Tod zu warten oder sich zu verteidigen. Sie wurde mitgegründet von einem serbischen General, Jovan Divjak, der aus miloševićs Armee desertierte, nachdem er merkte, wie diese Paramilitärs bewaffnete, um Zivilist:innen zu ermorden. Dies ist nicht vergleichbar mit den Truppen karadžićs und miloševićs, deren explizite Ziele Genozid und Territorialerweiterung waren.

Genozid ≠ Srebrenica

Oft lese ich Formulierungen wie »Die Genozide in Ruanda* und Srebrenica«.

Der letzte Genozid gegen Bosniak:innen sowie der gesamte Bosnienkrieg, werden oft auf Srebrenica und Sarajevo reduziert.

Tätsächlich sind sich Genozidforscher:innen weitgehend einig: Der Genozid begann 1992 und dauerte fast vier Jahre im gesamten Bosnien – nicht einige Tage in einer Kleinstadt.[29]

Srebrenica ist bekannter als die anderen Orte wegen des kläglichen Versagens der UN-Blauhelme. Und die Hauptstadt Sarajevo ist bekannter, da dort fast alle Kriegsreporter:innen lebten.

Laut einem der renommiertesten Wissenschaftler Bosniens, Dr. Hamza Karčić, ist die Reduktion des gesamten Genozids auf Srebrenica die zweite Stufe der Leugnung des Genozids gegen Bosniak:innen. Sie nennt sich »Lokalisierung«[30]. Der Genozid passierte nicht ein paar Tage lang in einer Kleinstadt, sondern vier Jahre lang in ganz Bosnien – und eure Sprache muss das reflektieren.

Es darf nicht vergessen werden: In Bosnien lief der Angriffskrieg überall anders ab, aber überall grausam. Sarajevo wurde vier Jahre lang belagert und mit mehr als einer halben Million Projektile beschossen. In Prijedor wurden alle Nichtserb:innen gezwungen, sich mit weißen Bändern an ihren Oberarmen zu markieren und dann in Konzentrationslager verschleppt.

• In Višegrad wurden Menschen lebend verbrannt. In Bijeljina passierten Grausamkeiten, die ich nicht mal in Worte fassen

* Viele Überlebende insistieren richtigerweise, dass dies »Genozid gegen die Tutsis« genannt werden soll, um die Opfer zu benennen statt den Ort. Hier ist »in Ruanda« Teil eines Zitats, ansonsten hätte ich es nicht so geschrieben.

kann, ohne zu weinen. In zahllosen Dörfern wurden alle ermordet, ausnahmslos.

In Foča gab es so brutale sexualisierte Kriegsverbrechen – Sklaverei und Vergewaltigungs-Konzentrationslager –, dass zum ersten Mal in der Geschichte des internationalen Strafrechts sexualisierte Sklaverei als Verbrechen gegen die Menschlichkeit anerkannt wurde.[31] Verbrechen gegen die Menschlichkeit sind das schlimmste Verbrechen im internationalen Recht nach Genozid.

All das wird unsichtbar gemacht oder geleugnet, wenn der Genozid auf Srebrenica begrenzt wird.

»Ethnische Säuberung«

Wir sagen Shoah, nicht »Endlösung der Judenfrage«

Porajmos, nicht »Zi***bekämpfung«

Genozid gegen die Tutsis, nicht »Kakerlaken töten«

Und deshalb heißt es auch »Agresija« oder letzter Genozid gegen Bosniak:innen, nicht »Ethnische Säuberung«, als ob wir Dreck wären.

»Ethnische Säuberung« hat keine offizielle juristische Definition und ist im internationalen Strafrecht überhaupt nicht als eigenständiges Verbrechen anerkannt. In allen bisherigen Jahrtausenden menschlicher Geschichte existierte dieser Begriff nicht. Er wurde erst in den 90ern verbreitet, als großserbische Faschos ihn nutzten, um den Genozid zu leugnen und zu vertuschen. Es ist also rassistischer, gefährlicher Bullshit (und der Oscar für »mild ausgedrückt« geht an mich!).

Seitdem wurde der Begriff wenig überraschend auch zur Leugnung anderer Genozide genutzt. Beim Genozid gegen Uigur:innen war erst mal die Rede von »kulturellem Genozid«, bis irgendein Genie auf die Idee kam, auch das weiter zu verharmlosen und die Worte »kulturelle Säuberung« dafür verwendete. Zerstörte Menschenleben sind keine Bastelbox für perverse Verharmlosungsbegriffe. Solche Leute sollen Häkeln lernen oder sich ein anderes kreatives Outlet suchen, statt sich immer wieder neue verharmlosende und leugnende Begriffe für Genozid auszudenken.

Denn wie ich schon gezeigt habe, tun sich Regierungen sowie Medien extrem schwer damit, Genozide auch als Genozide zu benennen. Regierungen können laut der UN-Genozidkonvention eingreifen, koste es, was es wolle, um Genozide zu stoppen. Und Medien sind meist einfach verantwortungslos ignorant, was das Thema angeht und wollen »auf Nummer sicher gehen«, »nichts überstürzen« oder fälschlicherweise offizielle Anerkennungen ihrer Regierungen abwarten – und betreiben dadurch massive Genozid-Leugnung. Dass das »nicht böse gemeint« ist, ist irrelevant, während die Massengräber gefüllt werden.

Manche beteuern noch immer, dass »ethnische Säuberung« ein real existierendes Phänomen sei, welches nicht durch das Wort Genozid, Vertreibung, oder Kombinationen wie »Deportation und Kriegsverbrechen« abgedeckt wäre. Das stimmt nicht – alles, was durch diese Phrase ausgedrückt wird, kann mit bereits existierenden Begriffen beschrieben werden, problemlos. Und selbst wenn »ethnische Säuberung« wirklich etwas Neues, Einzigartiges wäre, sollte diese Phrase nicht genutzt werden, um Genozide zu leugnen. Und es sollte dann ein anderer, nicht verharmlosender und beleidigender Begriff dafür gefunden werden, der Menschen nicht als Dreck einstuft und das Vokabular verurteilter Völkermörder:innen unkritisch übernimmt.

Oft wird von Genozid-Fanboys behauptet, es gebe eine wichtige Distinktion zwischen Genozid und »ethnischer Säuberung«, da es bei ethnischer Säuberung ja nicht um Mord, sondern um Vertreibung ginge. Erstens kann Genozid, wie gesagt, durch sehr viele Methoden verübt werden – nicht nur Mord. Zweitens leugnet man mit so 'ner dumpf ignoranten Aussage einen riesigen Teil aller Genozide ever. Schon mal was vom Genozid an den indigenen Völkern Nordamerikas gehört? Das gilt auch für indigene Völker Europas, insbesondere muslimische: Die Genozide an Krimtatar:innen, Adyge (Tscherkess:innen), Karapapak:innen, Ingusch:innen, Tschetschen:innen und anderen muslimischen Völkern Europas und des Kaukasus verliefen durch Massendeportationen. Das ändert auf keinen Fall etwas daran, dass sie Genozide waren – außer ihr möchtet unbedingt stalin in den toten Hintern kriechen.

Wenn es bei Genoziden eh nicht »nur« um Tod geht, und trotzdem die Hälfte der Deportierten stirbt, so wie es bei Krimtatar:innen der Fall war, dann wtf?[32] Warum so viel Energie, um Genozid zu leugnen? Und wenn etwas wirklich kein Genozid, sondern Vertreibung ist, dann sagt doch einfach Vertreibung.

Wenn es ausdrücklich um den letzten Genozid gegen Bosniak:innen von 1992 bis 1996 geht, dann nutzt eben diese Phrase: der letzte Genozid gegen Bosniak:innen.

Oder den Begriff »Agresija«. »Agresija« bedeutet »die Aggression, der Angriffskrieg« und beschreibt den Genozid sowie die anderen Verbrechen, die Bosnien erleiden musste durch die Angriffe serbischer und kroatischer Mörderbanden, die in Zusammenarbeit und teilweise unter Anweisungen der damaligen Präsidenten Serbiens und Kroatiens Bosnien angriffen.

Fakten als Wahrnehmung der Opfer framen

Ich habe mal einen Beitrag über bosniakische KZ-Überlebende gemacht, mir viel Mühe gegeben, und auch die Überlebenden rissen ihre traumatischen Wunden auf, um ihre Geschichten zu erzählen. Es ist ein guter Beitrag geworden. Doch in der Anmoderation wurde er so geframt: »Die Menschen wurden in, wie sie sagen, Konzentrationslager gebracht.«

Ja, Genozid ist für viele wohlstandsverwahrloste, überprivilegierte Menschen dermaßen unvorstellbar, dass er einfach kurzerhand relativiert wird. Oder es ist billiger Rassismus, der dazu führt, Muslim:innen nicht zu glauben. Aber Fakten bleiben Fakten. Es waren Konzentrationslager, das ist bestätigt durch Expert:innen, Gerichte, Menschenrechtsorganisationen und Journalist:innen, die im Gegensatz zur oben genannten Moderation kompetent sind.

Ein weiteres Beispiel, aus dem Deutschlandfunk:

»Die muslimische Minderheit der Uiguren in China fühlt sich von den herrschenden Han-Chinesen unterdrückt.«[33]

Ich glaub, dieser Satz gewinnt! Wenn das mal nicht das dichteste Bullshit-Konzentrat der Mediengeschichte ist. Literally alles im Satz ist Abkack und Abfuck. Lasst es uns mal Stück für Stück analysieren:

»Die muslimische …«

Wenn ich als Muslima nach China reisen würde, würde mir nix passieren. Uigur:innen hingegen werden in Konzentrationslager gesperrt, selbst wenn sie kurz aus den USA, Malaysia oder von wo auch immer nach China reisen. Ja, die muslimische Identität von Uigur:innen ist ein riesiger Faktor im Genozid. Aber halt nicht der einzige. Es geht um ihre ethnische, kulturelle Identität als Uigur:innen.

»... Minderheit der Uiguren ...«

Uigur:innen sind in ihrer Heimatregion gar keine Minderheit. Die Regierung Chinas versucht, sie zu einer zu machen. Sie einfach sprachlich zur Minderheit zu erklären und so xi jinpings Ziele zu vollenden, spielt der kommunistischen Partei Chinas in die blutbeschmierten Hände.

»... in China ...«

Aus Sicht der Uiguren, so wie vieler Tibeter, ist ihre Heimat kein »wahrer« Teil Chinas, sondern seit über 70 Jahren von China okkupiert. Wenn wir schon *über* diese Menschen reden, statt *mit* ihnen, dann sollten wir ihnen wenigstens dieses Minimum an Wertschätzung entgegenbringen. Uigurische Menschen nennen ihre Heimat Ostturkestan oder (seltener) Uigurien.

»... fühlt sich ... unterdrückt ...«

Keine Worte nötig, oder? Einfach mal Fakten als subjektive und somit hinterfragbare Wahrnehmung der Opfer tarnen.

»... von den herrschenden Han-Chinesen«

Klingt so, als würden alle Han-Chinesen herrschen statt der Elite. Was »einfachen« Han-Chinesen angetan wird, wenn sie sich gegen die Regierung stellen, haben wir ja mehrfach gesehen.

Ja, es ist wichtig anzuerkennen, dass Genozide niemals ohne die Kollaboration oder zumindest das Ignorieren, Kleinreden und Wegsehen der Volksgruppe funktionieren können, denen die Täter:innen angehören. Ich will hier keine Alibi-Maschine sein.

Doch statt »Han-Chinesen« ist es besser von der Regierung Chinas oder der Kommunistischen Partei zu sprechen, weil:

- Natürlich nicht alle Han-Chines:innen die kommunistische Partei Chinas oder ihre Taten unterstützen. Und weil unter der Partei auch viele Han-Chines:innen leiden, da die Regierung bekanntlich nicht zögert, Menschenrechtsaktivist:innen und Dissident:innen einzusperren.
- Viel wichtiger: Solche Formulierungen verzerren den Genozid zu einem interethnischen Konflikt, statt systematische, strategische, staatliche Unterdrückung klar als solche zu benennen. Und das ist gefährlich: Unwissende Leute denken sich eher »hm, komplizierte Situation« statt die staatliche Repression zu erkennen und zu verurteilen. Und so wird ein verharmlosendes Narrativ gefördert, was wiederum politischen Kreisen erleichtert, nicht einzuschreiten.

Ihr versteht bestimmt schon, dass es keinesfalls o.k. ist, so zu tun, als hätten deutsche Zivilist:innen nichts vom Holocaust mitbekommen und deutsche Konzerne nicht davon profitiert. So ist es auch bei anderen Genoziden: Es muss eine Auseinandersetzung mit der Rolle der schuldigen Zivilist:innen gegenüber unschuldigen Zivilist:innen geben. Doch wenn es darum geht, in einem Halbsatz die Täter:innen zu benennen, sind dies ganz klar Regierungen, Parteien, Armeen – wie zum Beispiel die Kommunistische Partei Chinas. Es ist eine einseitige staatliche Vernichtungskampagne, kein inter-ethnischer Konflikt »beider Seiten«.

Konzentrationslager

Ich kann mich an keinen Moment meines Lebens erinnern, an dem ich nicht bereits wusste, was Krieg, Genozid und Konzentrationslager sind. Ich bin damit aufgewachsen. Trotzdem könnte ich mich niemals an solches Grauen gewöhnen oder abstumpfen. Viele Bilder gehen mir nicht aus dem Kopf. • Darunter der ängstliche, hilflose Blick eines erschöpften alten Mannes. Seine Augen stachen heraus aus seinem ausgemagerten, nur aus Haut und Knochen bestehenden Körper. Er saß auf dem Boden des Konzentrationslagers Manjača, eines Schlachthofes für Tiere, der zum Schlachthof für Menschen umfunktioniert wurde. Umzingelt von Sterbenden, in einem Raum aus weißen Keramikfliesen, die in Schlachthöfen genutzt werden, damit man das Blut leichter wegwaschen kann.

Erst später, als Teenagerin, verstand ich, dass es das Inferno von Konzentrationslagern nicht »nur« im letzten Genozid an Bosniak:innen und in den Genoziden der Nazis gab.

Konzentrationslager existieren schon seit über einem Jahrhundert. Der Begriff selbst stammt aus dem spanischen Kolonialismus, genauer gesagt aus der »Reconcentrado«-Politik, die im 19. Jahrhundert gegen die Bevölkerung Kubas verwendet wurde und wegen der Hunderttausende Menschen starben.[34] Das US Holocaust-Museum definiert Konzentrationslager so: »Lager, in denen Menschen festgehalten oder eingesperrt werden, in der Regel unter harten Bedingungen und ohne Rücksicht auf rechtliche Normen der Verhaftung und Inhaftierung, die in einer rechtsstaatlichen Demokratie akzeptabel sind.«[35]

Um es noch klarer zu machen, betont das Holocaust Museum: »Die Gefangenen werden nicht angeklagt oder durch ein Gerichtsverfahren eines Verbrechens überführt.«[36]

Diese Definition klingt vielleicht nicht so grausam, wie es das Wort Konzentrationslager erwarten lässt, aber »unter harten Bedingungen« ist hier der ausschlaggebende Punkt. Je nach Konzentrationslager bedeutet »harte Bedingungen«:

- Zwangsarbeit – zum Beispiel die Konzentrationslager der chinesischen Regierung sowie Heliodrom, Dretelj und andere Konzentrationslager kroatischer Nationalist:innen im Bosnien der Neunziger, in denen Bosniak:innen als Zwangsarbeitende sowie »lebende Schutzschilde« entmenschlicht wurden.[37]
- *Sexualisierte Gewalt – Vilina Vlas, Karamanova Kuća und Dutzende weitere Vergewaltigungskonzentrationslager, in denen bosniakische Frauen und Kinder gefangen gehalten und strategisch zwangsgeschwängert wurden.
- Folterlager – zum Beispiel das Lager der Colonia Dignidad in Chile, in denen das Pinochet-Regime zusammen mit immigrierten Nazis chilenische Dissident:innen folterte.
- Todeslager/Vernichtungslager – zum Beispiel Treblinka, Majdanek und andere Todeslager der Nazis, das Todeslager S-21 des Khmer Rouge Regimes in Kambodscha oder das Todeslager Omarska, in dem Bosniak:innen und andere Nicht-Serb:innen ermordet wurden.

Natürlich finden in den meisten Konzentrationslagern mehrere dieser grausamen Dinge statt sowie weitere, wie zum Beispiel Aushungerung, psychische Folter und Zwangssterilisationen.[38] Die Kategorisierung richtet sich nach dem jeweils dominanten Element des Grauens.

Es ist unbeschreiblich wichtig: Wenn Expert:innen von Konzentrationslagern sprechen, dann müsst ihr es auch. Nicht bloß Lager, Internierungslager, Umerziehungslager, Straflager oder sogar »Berufsbildungszentren« – nein, Konzentrationslager verschiedener Arten. Alles andere ist entweder Verharmlosung oder Leugnung. Besonders ekelerregend ist es, die Propagandabegriffe der Täter:innen zu übernehmen. Wie bereits geschrieben: Die chinesische Regierung nennt Konzentrationslager »Berufsbildungszentren«, obwohl dort Menschen, die null Berufsbildung brauchen, gegen ihren Willen gefangen gehalten werden. Auch das Wort »Umerziehungslager« wird von der chinesischen Regierung genutzt – als wären »Umerziehungslager« keine grausamen, aus der NS-Zeit bekannten Konstrukte. Zusätzlich werden auf diese Weise die Menschen als Unzivilisierte geothert, die erst »erzogen« werden müssen, um ein Recht auf Leben zu haben.

• Es ist seit Langem bekannt, dass uigurische und Menschen aus anderen muslimischen Turkvölkern in diesen Konzentrationslagern ver**waltigt, gefoltert, geschlagen, zwangssterilisiert und zu Zwangsarbeit gezwungen wurden und werden. Was daran ist »Erziehung«?

Mittlerweile hat die chinesische Regierung manche – aber nicht alle – dieser Lager geschlossen – die gefangen gehaltenen Menschen jedoch einfach in Fabriken oder Betriebe abtransportiert, sodass sie nun dort Zwangsarbeit verrichten müssen. 84 % der Baumwolle Chinas und 20 % der Bauwolle auf der ganzen Welt kommt ausgerechnet aus der uigurischen Region[39], und falls ihr ein Shirt aus China kauft, ist die Wahrscheinlichkeit, dass es durch Zwangsarbeit entstanden ist, sehr hoch.

•• Das Gleiche, was für chinesische Konzentrationslager gilt, gilt auch für auf Vergewaltigungen spezialisierte Konzentrationslager in Bosnien. Auf Zehntausenden Seiten wissenschaftlicher, juristischer und journalistischer Texte sowie in mehreren Gerichtsurteilen ist dokumentiert, dass Bosniakinnen in Vergewaltigungslagern zwangsgeschwängert, gefoltert, ermordet wurden. Sie wurden über Jahre in diesen Vergewaltigungslagern gefangen gehalten, mit dem ausdrücklichen Ziel, sie mit »serbischen« Kindern zu schwängern und ihnen danach Abtreibungen sowie Suizide unmöglich zu machen. Denn für serbische Faschos waren sie ja keine Menschen, sondern »genetisch entstelltes Material«, dessen Blutlinie mit »serbischen Genen« »gesäubert« werden sollte. Diese Orte des unbeschreiblichen genozidalen Grauens werden oft als »Lager« bezeichnet und auf diese Weise verharmlost, nur weil Menschen noch nie die Begriffe »Vergewaltigungslager« oder »Vergewaltigungskonzentrationslager« gehört haben.

Es gibt also Begriffe, die bestimmte Arten von Konzentrationslagern beschreiben, weil diese auf bestimmte Arten von Folter und Verbrechen spezialisiert sind. Sie werden aber in Deutschland kaum genutzt. Das ist ein Teufelskreis aus Leugnung und Ignoranz-Multiplikation, den ich auch als Journalistin erlebe: Redakteur:innen haben bestimmte Begriffe nie gehört, streichen sie raus, und dann erfahren natürlich auch die Lesenden nicht davon.

Aktuell betrifft dieses Leugnungsproblem aber nicht nur die bosniakische Community. Insbesondere uigurische Leben stehen auf dem Spiel, wenn so verharmlost, verzerrt, versteckt wird. Deshalb benennt Konzentrationslager immer klar.

»Erkennen Sie den Genozid an?«

Diese Frage wird in Interviews, Podiumsdiskussionen oder auch privaten Gesprächen gestellt. Zu Unrecht. Sie impliziert, alle hätten das Recht, Genozide zu leugnen oder nicht. Und sie reduziert wissenschaftliche Fakten auf eine Frage der Meinung und überträgt irgendwelchen random Leuten die Deutungshoheit über die größten Traumata verfolgter Menschen.

Ich muss es noch mal sagen, weil es einfach so unfassbar wichtig ist, damit sich was ändert: Genozid ist kein Bauchgefühl und keine Meinung. Wenn Genozidforscher:innen sowie die betroffene Community sich weitgehend einig sind, dass es sich in einem bestimmten Fall um Genozid handelt, dann ist das so. Punkt. Aus. Ende. Wenn Einzelpersonen oder Organisationen Genozide leugnen, ändert dies genauso wenig an der Realität, wie die Existenz von Flat Earthers etwas daran ändert, dass die Erde keine Scheibe ist. Wenn Leugnung erkannt wird, sind die einzigen akzeptablen Konsequenzen strafrechtliche Verfolgung, Kündigungen, Kontaktabbrüche – auch mit Freund:innen – und nicht, solchen Aussagen eine Plattform zu geben und sie zu dulden, weil man ignorant ist oder aufgrund von falsch verstandenem »wir müssen beiden Seiten zuhören«.

Deshalb ist die Frage »Erkennen Sie den Genozid an?« falsch. Wir fragen ja auch nicht »Erkennen Sie die Existenz Londons an?«.

Richtig gefragt würde es lauten: »Sind Sie Genozidleugner – ja oder nein?«

Als Antwort darf kein Um-den-heißen-Brei-Gerede akzeptiert werden. Anders als in vielen anderen Situationen, muss hier auf einer klaren Positionierung mit ja oder nein bestanden werden – ohne Graustufen oder Kompromisse. Falls die Person antwortet, sie würde einen Genozid leugnen, solltet ihr je nach Gesprächssituation:

- Euch klar gegen Leugnung und Menschenverachtung aussprechen und das Gespräch sofort beenden.
- Nachfragen warum – nicht aus Verständnis, sondern ausschließlich als Recherchemaßnahme für rechtliche Schritte, Kündigungen, Beendung von platonischen und romantischen Beziehungen oder andere notwendige Konsequenzen. Ja, es klingt hart, aber Faschismus ist härter. Die genauen Formulierungen, welche die Person für ihre Antwort nutzt, sollten dokumentiert werden.
- Den Leugnenden auf keinen Fall eine Plattform für die Erklärung ihrer Verschwörungstheorien bieten. Egal, wie abwegig und weird ihr ihre Theorien findet: Für jeden gequirlten Mist gibt es Menschen, die trotzdem daran glauben oder ihn als Ausrede nutzen, selbst wenn sie wissen, dass er falsch ist. Beispielsweise behaupten Leugner:innen des Genozids an Bosniak:innen, dass die Massengräber voller Hunde- und Katzenknochen seien und die Menschen noch immer lebten. Oder, wir hätten uns selbst ermordet, um Sympathien vom »Westen« zu bekommen und milošević zu stürzen – eine Theorie, die auch unter Linken erschreckend weit verbreitet ist, da sie milošević als »sozialistischen Helden« und Kämpfer gegen »den Westen« sehen, entgegen aller Erklärungen von linken Menschen vor Ort. Die Boshaftigkeit und Verschwörungsschwurbelei von Genozidleugnenden dürfen nicht unterschätzt werden.

Die meisten Leugnenden leugnen ihre Leugnung. Falls die Person also mit »nein« antwortet, aber der Verdacht besteht, dass dies nur eine Ausrede ist, darf dies auch nicht einfach so hingenommen werden. Dann müssen Nachfragen zu einzelnen Punkten kommen sowie Fragen, die feststellen, ob zusätzlich zur Leugnung auch Verharmlosung betrieben wird. Die konkreten Fragen sind je nach Genozid unterschiedlich. Aber eins weiß man dann sicher: Diese Person ist schon ganz schön weit abgedriftet in Richtung Verschwörungsmythen und Menschenverachtung.

Bürgerkrieg, der »Jugoslawienkrieg«, »Bruderkrieg«

Statt einfach Krieg zu schreiben, haben deutschsprachige Leute oft den Drang, irgendwelche Extrawürste ans Wort zu klatschen – und so werden aus »Krieg« falsche und oft abgefuckte Wortkonstrukte. Analysieren wir ein paar Beispiele:

Es gab nicht den einen Jugoslawienkrieg, sondern miloševićs Restjugoslawien, welches nur noch aus Serbien und Montenegro bestand, führte mehrere getrennte Kriege gegen Slowenien, Kroatien, Bosnien und Kosovo. Das heißt, ein Regime griff im Alleingang nacheinander vier Länder an. Zu tun, als wäre das superkomplex, hilft nur den Angreifenden und deren Ideologie.

Im Gegensatz zu einem »Jugoslawienkrieg« gab es »Balkankriege« tatsächlich. Aber vor über 100 Jahren. Die verschiedenen Kriege in den Neunzigern »Balkankriege« oder noch schlimmer »der Balkankrieg« zu nennen ist bodenlos peinlich.

Und zum »Bruderkrieg«: Wie schon gesagt, nicht alle Nationalismen ticken genau gleich. Manche grenzen aus, andere vereinnahmen, reißen an sich. So sind Ukrainer:innen dann bloß russisch. Auch Bosniak:innen wird das angetan: Die sind dann bloß »muslimische Serb:innen« oder »muslimische Kroat:innen«, je nachdem welche eitertriefenden Kackkatheter man fragt. Daraus leiten sich dann Ansprüche auf Territorium und »ehrenvoller« Angriffskrieg ab. Ob Ukraine und Russland oder Bosnien und dessen Nachbarländer: Von »Bruderkrieg« zu sprechen impliziert Augenhöhe und Liebe und blendet aus, dass Ukrainer:innen und Bosniak:innen wie Dreck behandelt, entmenschlicht und gleichzeitig vereinnahmt werden.

Wenn es um Bosnien geht, ist die Beschreibung »Bürgerkrieg« falsch, da es sich um Angriffskriege Serbiens und Kroatiens handelte. Sogar der Internationale Strafgerichtshof für das ehemalige Jugoslawien, welcher notorisch strikte Auslegungen und hohe Standards in Bezug auf Beweislast hat, belegte den internationalen Charakter des Krieges mehrfach, sowohl im Hinblick auf serbische als auch kroatische Angriffe.

Bosnien war bereits am Anfang des Krieges ein unabhängiges, international anerkanntes Land, das nach einigen kurzen Wochen Papierkramerledigung auch schon vollwertiges UN-Mitglied wurde. Kurz nach miloševićs Mörderbanden hat auch Kroatien einen Angriffskrieg gegen Bosnien geführt, und die kroatische Beteiligung am Angriffskrieg gegen Bosnien ist ebenfalls durch Urteile des UN-Tribunals nach striktesten rechtlichen Standards bewiesen.

Deshalb merkt euch bitte: Es war kein Bürgerkrieg, sondern ein Angriffskrieg von Serbien feat. Montenegro einerseits und Kroatien andererseits, deren Führungen von »Großserbien« und »Großkroatien« träumten. Oder was denkt ihr, warum der Friedensvertrag von den Präsidenten der Nachbarländer unterschrieben wurde, statt deren Kollaborateur:innen innerhalb Bosniens? Wenn es ein Bürgerkrieg gewesen wäre, warum musste man dann warten, dass milošević und tuđman das Morden stoppen? Alle, die sowas fälschlicherweise »Bürgerkrieg« nennen, können verschiedene ex-jugoslawische Länder überhaupt nicht auseinanderhalten, oder nehmen sogar bewusst milošević und tuđman in Schutz. Schwör's wer »Bürgerkrieg« sagt, kriegt maximale Scheißigkeitspunkte in Flensburg.

Wisst ihr noch, Ende 2017, als viele deutsche Medien über den kroatischen Kriegsverbrecher berichteten, der sich bei seiner Urteilsverkündung selbst vergiftete? Tja, statt ein sensationalistisches Spektakel daraus zu machen, hätten sie lieber berichten sollen, dass der damalige Präsident Kroatiens und seine blutrünstigen Schoßhunde für Verbrechen gegen die Menschlichkeit, Massenmorde, Ver**waltigungen, Terror, Konzentrationslager, Folter und Zwangsarbeit in Bosnien (mit)verantwortlich sind. An genau diesem Tag mit genau diesem Urteil wurde es bewiesen, aber »Typ trinkt Gift« schreiben und Feierabend machen ist halt easier als über die eigentlich relevanten Fakten zu berichten.

Kriegsverbrechen! Genozid! Massaker!

Oft werden Dinge als Genozid, Kriegsverbrechen oder Ähnliches bezeichnet, die gar keine sind.

Als die US-Polizei Tränengas gegen Demonstrierende einsetzte, wurde dies zum Beispiel von US-Amerikaner:innen mehrfach als Kriegsverbrechen bezeichnet. Ich hoffe, ich muss nicht erklären, dass Kriegsverbrechen nur in Kriegen vorkommen.

Doch viele gingen noch weiter und setzten den Einsatz des Tränengases mit saddam husseins Genozid gegen Kurd:innen oder hitlers Gaskammern gleich. Wirklich, ich übertreibe nicht.

Um mal ein Beispiel zu nennen: Ein US-amerikanischer Drehbuchautor schrieb: »Zu Anführern, die sich in einem Bunker versteckten und ihre eigenen Bürger vergasten, gehören: Saddam Hussein, Adolf Hitler und Donald Trump.«*[40]

Dieser Tweet hat über 600 000 Likes.

Sosehr ich den Einsatz von Tränengas ablehne, trump verachte und Demos gegen ihn unterstütze: Tränengas tötet nicht, ist nicht mit dem sowieso problematischen Begriff »vergasen« (gassed) in Verbindung zu bringen und nicht mit zwei Genoziden gleichzusetzen. Jüdische und kurdische Menschen wurden durch verschiedene Gase ermordet, die US-Amerikaner:innen in diesem Fall mussten 'ne Demo früher als geplant verlassen.

Ja, es ist o.k., Analogien oder Vergleiche zwischen verschiedenen Verbrechen zu ziehen, auch zwischen verschiedenen Genoziden, denn das ist sogar ein wichtiges Basiselement der Genozidforschung – ohne Vergleiche gäbe es keine Genozidforschung und kein rechtzeitiges Erkennen und Verhindern von Genoziden. Außerdem ist in vielen Kulturen, anders als in Deutschland, ein Vergleich nicht automatisch ein Wettbewerb inklusive Abwertung einer Seite, sondern stattdessen oft ein Ausdruck von Solidarität. In Bosnien werden ständig andere Genozide und Kriege mit denen gegen Bosniak:innen verglichen: im Rahmen von Spendenaktionen, Demos, Nachrichten.

Aber: Es hängt immer davon ab, was wie miteinander verglichen wird und ob etwas gleichgesetzt wird. Tränengas nutzen ist nicht »vergasen«. Und wenn dann noch Dinge, die weder Kriegsverbrechen, noch Genozid, Massaker oder Ähnliches sind, so be-

* Übersetzung aus dem Englischen: »Leaders who have hidden in a bunker and gassed their own citizens include Saddam Hussein, Adolf Hitler and Donald Trump.«

zeichnet werden, dann ist das eine Verharmlosung von wirklichen Genoziden und deshalb stark zu verurteilen.

Anarchie, Chaos

Beschreibungen wie »es herrscht Anarchie« oder »Chaos« im Zusammenhang mit Genoziden oder Kriegsverbrechen verdecken, dass alle Genozide systematische, lange und detailliert vorbereitete Ausrottungsversuche von Menschengruppen sind.

Benennt genau, was passiert, wer verantwortlich ist und wer darunter leidet.

Dieses Kapitel zu Genozid und Sprache hätte ein ganzes eigenes Buch werden können – so viel und noch mehr läuft schief, wenn über Genozide geredet, geschrieben, gedacht wird. Die Hinweise, die ich euch gegeben habe, sind nur der Anfang eines bewussten, korrekten Umgangs mit dem Thema. Es scheint vielleicht mühsam, doch es ist die Mühe wert. Bei keinem anderen Thema kann so schnell so viel so falsch gemacht werden. Und bei keinem anderen Thema haben dermaßen kleine Wortfehler so gefährliche, lebensbedrohliche Konsequenzen.

Outro

Ich hätte ja noch ewig weitermachen können, weil es so viel zu besprechen gibt, aber ich hoffe, dass ihr mittlerweile wenigstens die Grundgedanken und -mechanismen hinter antimuslimisch rassistischer Sprache verstanden habt.

Damit ihr eure eigenen Worte reflektieren könnt und genau benennen, was falsch läuft, wenn euch gerade ein menschgewordener Reitclubausweis mit Rassismus nervt, habe ich euch eine Liste mit Fragen zusammengestellt. Manche habe ich schon ausführlich erklärt, andere sind neu, aber selbsterklärend. Also, los geht's:

- Verstehe ich die genaue Bedeutung der Begriffe, die ich nutze?
- Verstehe ich, auf welche Art und in welchen Situationen die genutzten Begriffe und Informationen rassistisch missbraucht werden?
- Gibt es einen historischen Kontext, den ich beachten muss?
- Gibt es gesellschaftliche Kontexte (Machtpositionen etc.) zu beachten?
- Wird etwas unsichtbar gemacht?
- Bekräftige ich Vorurteile, Klischees und Stereotype?
- Habe ich doppelte Standards ausreichend hinterfragt?
- Habe ich etwas zusammengeworfen, das eigentlich differenziert und getrennt werden sollte? Oder umgekehrt?
- Nutze ich Begriffe und Denkmuster, die nur für muslimische oder andere marginalisierte Menschen genutzt werden?

- Schreibe/rede ich kur'anbaitig? Sind meine Worte reduktives Rassismus-Bingo?
- Betreibe ich Othering?
- Was impliziert dieses Wort, diese Phrase, dieses Framing?
- Was schwingt zwischen den Zeilen mit? Wie würde zum Beispiel ein rechter Troll diese Worte lesen und interpretieren, wie würde es eure rassistische Tante kommentieren? Versucht, deren »Argumenten« keinen Spielraum zu geben.
- Wird etwas fälschlicherweise gleichgesetzt?
- Wird etwas verharmlost, abgewertet? Oder aufgehypt, aufgeblasen?
- Wird das Muslimischsein einer Person, Gruppe, Organisation oder eines Landes sinnlos erwähnt und dadurch ein bestimmtes Framing hergestellt?
- Habe ich Genozid richtig benannt?
- Habe ich Konzentrationslager und andere relevante Begriffe richtig benannt?
- Welche Taktiken und Lügen werden genutzt, um den spezifischen Genozid, über den ich gerade rede/schreibe, zu leugnen – und wie kann ich sicherstellen, dass ich diese auf keinen Fall reproduziere und ihnen nicht mal einen Hauch Legitimation gebe?
- Betreibe ich direkt oder indirekt Victim Blaming?
- Welche Kriterien nutze ich zur Kategorisierung von Menschen, Gruppen, Vereinen? Sind diese Kriterien einheitlich, oder gelten andere je nach Herkunftsland, Religion, Staatsangehörigkeit, Straftat ...?
- Habe ich Bothsideism betrieben und damit »alle Seiten« in einem Problem, Krieg oder sogar Genozid gleichgesetzt?
- Nutze ich die Sprache der Betroffenen oder der Rassist:innen, der Täterseite?

- Habe ich Fakten als bloße Wahrnehmung der Betroffenen geframt? Habe ich unbewusste Vorurteile, die Betroffene »unobjektiv« wirken lassen?
- Bin ich übers Ziel hinausgeschossen? (»Gut gemeint, schlecht gemacht«)
- Woher kommen die Begriffe? Wurden sie von Rassist:innen erfunden und genutzt? Sind sie rassistisch konnotiert?
- Muss etwas Bestimmtes klar benannt/dazugesagt werden?
- Ist der Begriff präzise genug, oder schließt er fälschlicherweise aus/ein?
- Habe ich an andere Lebensrealitäten/Minderheiten mitgedacht?
- Habe ich wertende Worte wie »sogar«, »obwohl«, »aber« und andere richtig genutzt?
- Habe ich mein Framing/meine Kontextualisierung gut durchdacht, hinterfragt und reflektiert?

So, das war's. Und nicht vergessen: Es gibt viel mehr, es gibt viel Schlimmeres, es ging um Sprache und Denkmuster, aber rassistische Taten, Strukturen, Dynamiken gibt es leider noch viel mehr. Sogar so viele … ich könnte ein ganzes Buch schreiben!

Danksagung

Erstens, elhamdulillah. Danke an Allah dž. š.

Danke an meine Familie, insbesondere meinen kleinen Neffen, der auf meinem Kopf eine Plastik-Straße parkte und mich als Autobahn für seine Spielzeugautos nutzte, während ich versuchte, im Wohnzimmer voll profimäßig einen auf Autorin zu machen.

Danke an Max Czollek, den Trendsetter schlechthin, der sofort erkannte, was für ein geiles Buch das wird (ich schulterklopf mich ma selbst) und es an seine Agentin schickte. Danke an seine Agentin Franziska Günther und seine Agentur Graf & Graf, die jetzt einfach auch meine Agentur ist, denn was gut ist, wird geklaut :)

Danke an Aladin El-Mafaalani, der auch Trendsetter ist und die Qualität meines Buches checkte.

Danke auch an den Verlag hanserblau, weil meine Familie erst ma dachte, es wäre »Hamza Blau«, sodass sie sich über den muslimischen Namen freuen konnte und ich übers blau. Hansertürkis wäre übrigens cooler.

Danke an Alexandra Hummel, Ulrike von Stenglin und das hanserblau-Team, dass sie mich und meine schlechten Witze ausgehalten haben. Danke an Admir Delić für seine tollen Illustrationen.

Danke an Leute, die mich bei Insta und Twitter unterstützen, denn ich bin alleine in dieses Land immigriert und hätte nicht mal die Hälfte dessen geschafft, was ich geschafft hab, wenn ihr die Qualität meiner Arbeit nicht erkannt und weitergesagt hättet.

Danke an meine Hater:innen, die mit ihrem erbärmlichen Rumheulen immer wieder beweisen, dass ich recht hab.

Quellen

Antimuslimischer Rassismus: Die Basics

1 Strack, Christoph: »Islamfeindlichkeit in Deutschland und Europa: Angriffe im Netz, Angriffe in der Realität«, *Qantara*, 2023. https://www.de.qantara.de/inhalt/islamfeindlichkeit-in-deutschland-und-europa-angriffe-im-netz-angriffe-in-der-realitaet, abgerufen am 17.05.2023.

2 »Jeder fünfte Deutsche will keine Muslime als Nachbarn«, *Redaktionsnetzwerk Deutschland*, 2017. https://www.rnd.de/panorama/jeder-funfte-deutsche-will-keine-muslime-als-nachbarn-D4U5XTVRPFW52ZTQGS BLUKMSQM.html, abgerufen am 17.05.2023.

3 »Antimuslimischer Rassismus in Deutschland: Zahlen und Fakten«, *Mediendienst Integration*, 2021. https://mediendienst-integration.de/file admin/Dateien/Infopapier_Antimuslimischer_Rassismus.pdf, abgerufen am 17.05.2023.

4 »Religionsmonitor – Religiöse Toleranz weit verbreitet – aber der Islam wird nicht einbezogen«, *Bertelsmann Stiftung*, 2021. https://www.bertels mann-stiftung.de/de/themen/aktuelle-meldungen/2019/juli/religioese-toleranz-weit-verbreitet-aber-der-islam-wird-nicht-einbezogen, abgerufen am 17.05.2023.

5 Branch, Taylor: »The Clinton Tapes: Wrestling History with the President«, Simon & Schuster, 2009. https://www.npr.org/2009/09/28/113269412/sharing-secrets-in-the-clinton-tapes, abgerufen am 17.05.2023.

6 »›Döner-Morde‹ ist das Unwort des Jahres«, *Süddeutsche.de*, 2012. https://www.sueddeutsche.de/kultur/sprache-doener-morde-sind-das-unwort-des-jahres-11259648 & O'Shea, Breandáin.
»Döner-Morde.« *Deutsche Welle*, 2012. https://www.dw.com/en/d%C3%B6ner-morde/a-6699781, abgerufen am 17.05.2023.

7 Mujanović, Jasmin: »The Balkan Roots of the Far Right's ›Great Replacement‹ Theory«, in: Karčić, Hikmet; Turčalo, Sead: »Bosnian Genocide denial and triumphalism: Origins, impact and prevention«, University of Sarajevo, 2021.

8 Nilsson, Per-Erik: »Manifestos of White Nationalist Ethno-Soldiers«, *The Center for Critical Research on Religion Journal*, Volume 10, Issue 2, 2022.

9 »The Growing Threat of Online-Bred Right-Wing Extremist«, *Der Spiegel*, 2019. https://www.spiegel.de/international/world/the-growing-threat-

of-online-bred-right-wing-extremist-a-1259742.html, abgerufen am 17.05.2023.
10 »Trauzeuge beim Irrläufer«, *DIE ZEIT*, 46/1999.
Delalić, Adnan: »Wings of Denial«, *Mangal Media*, 2019. https://www.mangalmedia.net/english//wings-of-denial, abgerufen am 17.05.2023.
Joanna Nowotny, Julian Reidy: »Memes – Formen und Folgen eines Internetphänomens«, Transcript Verlag, 2022.
»Bosnian Serb Convicted of Genocide by German Court«, *AP NEWS*, 1997. https://www.apnews.com/article/47216b351c8a709a6608ffda8335428b, abgerufen am 17.05.2023.
11 Bihsop, Patrick: »Genocide Charges Expected Today for Serbs' Iron Lady«, *The Telegraph*, 2001. https://www.telegraph.co.uk/news/worldnews/europe/bosnia/1314344/Genocide-charges-expected-today-for-Serbs-Iron-Lady.html, abgerufen am 17.05.2023.
»What Are the 10 Stages of Genocide?«, *Genocide Watch*, 2020. https://www.genocidewatch.com/single-post/2020/07/10/what-are-the-10-stages-of-genocide, abgerufen am 17.05.2023.
12 Kilomba, Grada: »Plantation Memories: Episodes of Everyday Racism«, Unrast, 2008.

»Der Islam« und »die muslimische Welt«

1 Esslemont, Tom: »Witch Burning Rebels Stoke Central African Republic Violence«, *Reuters*, 2015. https://www.reuters.com/article/us-centralafrica-witchcraft-idUSKBN0TF03920151126, abgerufen am 17.05.2023.
2 Anna, Cara: »Almost all 436 Central African Republic Mosques Destroyed: U.S. Diplomat«, *CTV News*/ Meldung von *AP*, 2015. https://www.ctvnews.ca/mobile/world/almost-all-436-central-african-republic-mosques-destroyed-u-s-diplomat-1.2284619, abgerufen am 17.05.2023.
3 McCormick, Ty: »›One Day, We Will Start a Big War‹«, *Foreign Policy*, 2023. https://www.foreignpolicy.com/2015/10/28/one-day-we-will-start-a-big-war-central-african-republic-un-violence, abgerufen am 17.05.2023.
4 Jocelyn, Kelly: »Indoctrinate the Heart to Impunity: Rituals, culture and control within the Lord's Resistance Army«, Harvard Humanitarian Initiative, 2015.
5 Ebd.
6 »Kako je SPC u Francuskoj osuđena za ratne zločine i genocid«, *Politicki.ba*, 2023. https://www.politicki.ba/vijesti/kako-je-spc-u-francuskoj-osudena-za-ratne-zlocine-i-genocid/31893, abgerufen am 17.05.2023.

Exekutionsvideo der škorpioni in Trnovo, vollständiges Video (Dauer 2 Std, 10 Min) aus den Archiven des UN-Tribunals.
7 »Istraživanje: mladić I karadžić Heroji Za Više Od 60 Posto Građana RS-a«, Agencija Valicon für *AJB*, 2018. https://www.balkans.aljazeera.net/videos/2018/7/11/istrazivanje-mladic-i-karadzic-heroji-za-vise-od-60-posto-gradana-rs, abgerufen am 17.05.2023.
8 Quackenbush, Casey: »Taken under Fascism, Spain's ›Stolen Babies‹ Are Finally Being Heard«, *TIME*, 2018. https://www.time.com/5321938/spain-stolen-babies-franco-trial/, abgerufen am 17.05.2023; Adler, Katya. »Spain's Stolen Babies and the Families who Lived a Lie.« BBC News, 2011. https://www.bbc.com/news/magazine-15335899, abgerufen am 17.05.2023.

Begriffe, die falsch verstanden oder falsch dargestellt werden

1 »A Muslim Astronaut's Dilemma: How to Face Mecca from Space«, *WIRED*, 2007. https://www.wired.com/2007/09/mecca-in-orbit, abgerufen am 17.05.2023.
2 »Guideline for Performing Islamic Rites at the International Space Station (ISS)«, Department of Islamic Development Malaysia, 2007.
3 »Libër Kujtimi i Kosovës/The Kosovo Memory Book«, Fond za humanitarno pravo, Belgrad, 2011.
4 Chrisafis, Angelique: »France admits systematic torture during Algeria War for first time«, *The Guardian*, 2018. https://www.theguardian.com/world/2018/sep/13/france-state-responsible-for-1957-death-of-dissident-maurice-audin-in-algeria-says-macron, abgerufen am 17.05.2023.

Was wird unsichtbar gemacht?

1 »Tribunal convicts radovan karadžić for crimes in Bosnia and Herzegovina«, International Criminal Tribunal for the Former Yugoslavia, 2016. https://www.icty.org/en/press/tribunal-convicts-radovan-karadzic-for-crimes-in-bosnia-and-herzegovina, abgerufen am 17.05.2023.
»ICTY convicts ratko mladić for genocide, war crimes and crimes against humanity«, International Criminal Tribunal for the Former Yugoslavia, 2017. https://www.icty.org/en/press/icty-convicts-ratko-mladi%C4%87-for-genocide-war-crimes-and-crimes-against-humanity, abgerufen am 17.05.2023.

2 Tokača, Mirsad: »Bosanska knjiga mrtvih: Ljudski gubici u Bosni i Hercegovini 1991–1995«, Teile I–IV, Istraživačko Dokumentacioni Centar, 2012.
3 »New War Demographics Feature on the ICTY Website«, International Criminal Tribunal for the Former Yugoslavia, 2011. https://www.icty.org/en/press/new-war-demographics-feature-icty-website, abgerufen am 17.05.2023.

Doppelte Standards, doppelter Rassismus

1 Dearden, Lizzie: »Al-Qaeda's Leader just Accused Isis of Being too Extreme«, *The Independent*, 2017. https://www.independent.co.uk/news/world/middle-east/al-qaeda-leader-ayman-al-zawahiri-isis-madness-lies-extremism-islamic-state-terrorist-groups-compete-middle-east-islamic-jhadis-a7526271.html, abgerufen am 17.05.2023.
2 Ebd.

Hey, Pippi Langstrumpf

1 »Flüchtlingscamp am Oranienplatz: Ausweg dringend gesucht«, *Berliner Zeitung*, 2013. https://www.berliner-zeitung.de/mensch-metropole/fluechtlingscamp-am-oranienplatz-ausweg-dringend-gesucht-li.25602, abgerufen am 17.05.2023.
2 Klebl, Maike: »Schluss mit der Sozial-Romantik!«, *BILD*, 2013. https://www.bild.de/regional/berlin/fluechtling/schluss-mit-der-sozial-romantik-31527640.bild.html, abgerufen am 17.05.2023.
3 Hestermann, Thomas: »Berichterstattung über Gewaltkriminalität – Wie häufig nennen Medien die Herkunft von Tatverdächtigen?«, Hochschule Macromedia für Mediendienst Integration, 2019. https://mediendienst-integration.de/fileadmin/Expertise_Hestermann_Herkunft_von_Tatverdaechtigen_in_den_Medien.pdf, abgerufen am 17.05.2023.
4 Haug, Sonja; Müssig, Stefanie; Stichs, Anja: »Forschungsbericht Muslimisches Leben in Deutschland«, Bundesamt für Migration und Flüchtlinge, Forschungsbericht 6, 2009.
5 Wehner, Markus: »Berlin: Arabischer Clan gegen Kriminelle Tschetschenen«, *FAZ*, 2020. https://www.faz.net/aktuell/gesellschaft/kriminalitaet/berlin-arabischer-clan-gegen-kriminelle-tschetschenen-17045903.html, abgerufen am 17.05.2023.
6 »Tschetschenen wollen Hochzeit feiern: Großeinsatz für die Polizei«, *Ber-*

liner Kurier, 2020. https://www.berliner-kurier.de/berlin/tschetschenen-wollen-hochzeit-feiern-grosseinsatz-fuer-die-polizei-li.119137, abgerufen am 17.05.2023.

7 Hufelschulte, Josef: »Diamond Boy segen Kaukasus-Wölfe: In Berlins Unterwelt tobt ein blutiger Clan-Kampf«, *FOCUS Online*, 2021. https://www.focus.de/politik/deutschland/deutschland-diamond-boy-und-die-woelfe-aus-dem-kaukasus_id_12871473.html, abgerufen am 17.05.2023.

8 »Polizei stoppt Tschetschenen-Hochzeitskorso in Brandenburg«, *B.Z.*, 2020. https://www.bz-berlin.de/archiv-artikel/polizei-stoppt-tschetschenen-hochzeitskorso-in-brandenburg, abgerufen am 17.05.2023.

9 »Klare Kriterien zur Nationalitäten-Nennung von Straftätern«, *Presserat*, 2019. https://www.presserat.de/presse-nachrichten-details/klare-kriterien-zur-nationalit%C3%A4ten-nennung-von-straft%C3%A4tern.html, abgerufen am 17.05.2023.

Kur'anbait

1 »Mekka Deutschland – Die stille Islamisierung«, *DER SPIEGEL*, Ausgabe 25.3.2007.

2 Rojansky, Matthew: »What Black Jack Pershing Can Teach Us about Fighting Terrorists«, *Politico Magazine*, 2017. https://www.politico.com/magazine/story/2017/08/20/what-black-jack-pershing-can-teach-us-about-fighting-terrorists-215509/, abgerufen am 17.05.2023.

3 Ebd. & Serwer, Adam: »Pershing, Trump, and the Enduring Power of Urban Legends«, *The Atlantic*, 2017. https://www.theatlantic.com/international/archive/2017/08/pershing-trump-terrorism/537300/, abgerufen am 17.05.2023.

4 »The Philippine-American War«, *Encyclopaedia Britannica*, 2023. https://www.britannica.com/event/Philippine-American-War, abgerufen am 17.05.2023.

5 Džananović, Muamer; Karčić, Hikmet; Medić, Jasmin: »Nastanak Republike Srpske: Od regionalizacije do strateških ciljeva 1991–1992«, Institut za istraživanje zločina protiv čovječnosti i međunarodnog prava Univerziteta u Sarajevu i Institut za historiju Univerziteta u Sarajevu (Forschungsinstitut Verbrechen gegen die Menschlichkeit und Internationales Recht der Universität Sarajevo und Institut für Geschichte der Universität Sarajevo), 2023.

6 Dehmer, Dagmar: »Drogen, Waffen und Scharia«, *Der Tagesspiegel*, 2012. https://www.tagesspiegel.de/politik/drogen-waffen-und-scharia-2221321.html, abgerufen am 17.05.2023.

7 »Indonesien: Mit dem Schlagstock für die Scharia«, *ARD*, 2017. https://www.ardmediathek.de/video/weltspiegel/indonesien-mit-dem-schlag stock-fuer-die-scharia/das-erste/Y3JpZDovL2Rhc2Vyc3RlLmRlL3dlbHRzcGllZ2VsLzQ0MzYxOWIyLTg3OGQtNDZmNC04NTE4LTFjMGI4ZjQzZDdiNw, abgerufen am 17.05.2023.

8 Steinhausen, Margarethe: »Prinz – Pascha – Prügelknabe: Muslimische Jungs im Kiez«, *ARD/RBB*, 2010. https://www.programm.ard.de/TV/rbbbrandenburg/prinz---pascha---pruegelknabe/eid_282056011427456, abgerufen am 17.05.2023.

9 »Auslandsjournal Spezial: Scharia, Scheichs und Shopping«, *ARD*, 2016. https://www.programm.ard.de/?sendung=2800716916724179, abgerufen am 17.05.2023.

10 McCarthy, Niall: »Infographic: Where Europeans wash their hands after using the toilet«, *Statista Infographics*, 2020. https://www.statista.com/chart/4111/do-europeans-wash-their-hands-after-using-the-toilet, abgerufen am 17.05.2023.

Gut gemeint, schlecht gemacht

1 Weichselbaumer, Doris: »Discrimination against Female Migrants Wearing Headscarves«, The Institute for the Study of Labor (IZA), 2016.

Das Wichtigste: Genozid

1 Kuka, Ermin: »Živa lomača – Pionirska ulica u Višegradu (14. Juni 1992)«, Udrženje Žena – Žrtva rata, 2022. Faktor, 2021. https://www.faktor.ba/vijest/godisnjica-jednog-od-najstrasnijih-zlocina-u-bih-visegradski-krik-iz-plamena/129769, abgerufen am 17.05.2023.

2 »The Ten Stages of Genocide«, *Holocaust Memorial Day Trust*, 2023. https://www.hmd.org.uk/learn-about-the-holocaust-and-genocides/what-is-genocide/the-ten-stages-of-genocide, abgerufen am 17.05.2023.

3 Bryant, Clifton D. (Hrsg.): »Encyclopedia of Criminology and Deviant Behavior – Historical, conceptual, and theoretical issues«, Brunner-Routledge, 2000.

4 »China cuts Uighur Births with IUDs, Abortion, Sterilization«, *AP NEWS*, 2021. https://www.apnews.com/article/ap-top-news-international-news-weekend-reads-china-health-269b3de1af34e17c1941a514f78d764c, abgerufen am 17.05.2023.

5 »Aufarbeitung der diskriminierenden Urteile des BGH zum NS-Völkermord an den Sinti und Roma erforderlich«, Zentralrat Deutscher Sinti und Roma, 2015. https://www.zentralrat.sintiundroma.de/aufarbeitung-der-diskriminierenden-urteile-des-bundesgerichtshofs-zum-ns-voelkermord-an-den-sinti-und-roma-erforderlich-bgh-praesidentin-bettina-limperg-beim-besuch-des-zentralrats-in-heidelberg, abgerufen am 17.05.2023.

6 Katrin Kuntz: »Mutmaßliche Täter sprechen über Massaker an Rohingya: ›Erschießt alle, die ihr hört, und alle, die ihr seht‹«, *DER SPIEGEL*, 2020. https://www.spiegel.de/ausland/myanmar-mutmassliche-taeter-sprechen-ueber-massaker-an-rohingya-a-b9c50443-233d-45f9-9d07-aa21c17b7ddd, abgerufen am 17.05.2023.

7 Bećirević, Edina: »Genocide on the Drina River«, Yale University Press, 2014.
Čekić, Smail: »Der Angriffskrieg auf die Republik Bosnien-Herzegowina: Planung, Vorbereitung, Durchführung (Zwei Teile, 1328 Seiten) / Agresija na Republiku Bosnu i Hercegovinu: planiranje, priprema, izvođenje (Dva toma, 1328 stranica)«, Institut za istraživanje zločina protiv čovječnosti i međunarodnog prava i Kult B, 2004.
Čekić, Smail: »Istraživanje žrtava genocida sa posebnim osvrtom na Bosnu i Hercegovinu – Naučno-teorijska i metodološko-metodska pitanja i problemi«, Institut za istraživanje zločina protiv čovječnosti i međunarodnog prava i Kult B, 2007.
Kurt, Salim: »Grebak – U zoni Sumraka«, Behar, 2000.

8 »MOTION FOR a RESOLUTION on the Commemoration of 11 July as a Day of Remembrance for the Victims of the Massacre in Srebrenica | B6–0025/2009«, Europäisches Parlament, 2009. https://www.europarl.europa.eu/sides/getDoc.do?type=MOTION&reference=B6-2009-0025&language=EN, abgerufen am 17.05.2023.

9 »H. Res. 199 – Expressing the sense of the House of Representatives regarding the massacre at Srebrenica in July 1995«, The Congress of the United States of America, 2005. https://www.congress.gov/bill/109th-congress/house-resolution/199/text, abgerufen am 17.05.2023.

10 Hocking, John: »Remarks at the Launch of the ICTY Manual on Developed Practices. International Criminal Tribunal for the Former yugoslavia«, Press Releases, 2009. https://www.icty.org/x/file/Press/Statements%20and%20Speeches/Registrar/090609_reg_hocking_ny.pdf, abgerufen am 17.05.2023.

11 Parsons, Thomas: »How DNA Profiling Helped Unravel the Horror of Bosnia's Genocide«, International Commission on Missing Persons. https://www.icmp.int/news/how-dna-profiling-helped-unravel-the-horror-of-bosnias-genocide, abgerufen am 17.05.2023.
»Final Address of ICTY President at Srebrenica Genocide Commemoration«,

International Criminal Tribunal for the Former Yugoslavia, 2017. https://www.icty.org/en/press/final-address-of-icty-president-at-srebrenica-genocide-commemoration, abgerufen am 17.05.2023.
Rohde, David: »Denying Genocide in the Face of Science«, *The Atlantic*, 2015. https://www.theatlantic.com/international/archive/2015/07/srebrenica-massacre-bosnia-anniversary-denial/398846, abgerufen am 17.05.2023.

12 Dawut, Rahile; Harris, Rachel: »Listening in on Uyghur Wedding Videos: Piety, Tradition, and Self-Fashioning«, in: Harris, Rachel; Ha, Guangtian; Jaschok, Maria (Hrsg.): »Ethnographies of Islam in China«, University of Hawai'i Press, 2021.

13 Karčić, Hamza: »Serbia can no longer whitewash its role in the Bosnian genocide«, Haaretz, 2023. https://www.haaretz.com/opinion/2023-06-07/ty-article-opinion/.premium/serbia-can-no-longer-whitewash-its-role-in-the-bosnian-genocide/00000188-954c-df21-a1b8-b7cdc7b40000, abgerufen am 08.06.2023.
Karčić, Harun: »The Butchers of Bosnia's Muslims Are in Jail, but there Hasn't Been Justice«, Haaretz, 2021.
https://www.haaretz.com/opinion/2021-06-10/ty-article-opinion/.premium/the-butchers-of-bosnia-are-in-jail-but-there-hasnt-been-justice/0000017f-e98c-da9b-a1ff-edeffdbc0000, abgerufen am 17.05.2023.

14 »DENIAL«, Gedenkstatte in Potočari – Memorijalni Centar Potočari, https://www.srebrenicamemorial.org/en/page/denial/29, abgerufen am 17.05.2023.

15 Tokača, Mirsad: »Bosanska knjiga mrtvih: Ljudski gubici u Bosni i Hercegovini 1991–1995«, Teile I – IV. Istraživačko dokumentacioni centar, 2012.

16 Sorguč, Albina: »Females were ›Youngest and Oldest Victims‹ of Srebrenica«, *Balkan Insight*, 2018. https://www.balkaninsight.com/2018/07/05/femaleswere-youngest-and-oldest-victims-of-srebrenica-07-04-2018, abgerufen am 17.05.2023.

17 Bartov, Omer: »In God's Name: Genocide and Religion in the Twentieth Century«, Oxford University Press, 2001.

18 »dragoljub kunarac is the First Accused of R*pe and Torture of Bosnian Muslim Women to Turn Himself in«, International Criminal Tribunal for the Former Yugoslavia, 1998. http://www.icty.org/en/press/dragoljub-kunarac-first-accused-rape-and-torture-bosnian-muslim-women-turn-himself, abgerufen am 17.05.2023.

19 »UN Envoy Welcomes Conviction for R*pe and Murder During Bosnian Conflict«, *UN News*, 2011. https://www.news.un.org/en/story/2011/11/394492, abgerufen am 17.05.2023.
»Bosnian R*pe Camp Trial opens«, *BBC*, 2000. https://news.bbc.co.uk/2/hi/europe/683846.stm, abgerufen am 3.3.2023.

20 Kurtić, Azem: »UN Tribunal Increases Serbian State Security Officials' Sentences«, *Balkan Insight*, 2023. https://balkaninsight.com/2023/05/31/un-tribunal-increases-serbian-state-security-officials-sentences/, abgerufen am 17.6.2023; »The IRMCT Office of the Prosecutor (OTP) takes note of today's appeal judgment in the Stanišić and Simatović case«, United Nations International Residual Mechanism for Criminal Tribunals, 2023. https://www.irmct.org/en/news/irmct-office-prosecutor-otp-takes-note-todays-appeal-judgment-stanisic-and-simatovic-case, abgerufen am 5.6.2023

21 281 Seiten-Urteil des UN-Tribunals gegen prlić, stojić, praljak, petković, ćorić, pušić. Fallnummer: IT-04-74-A, International Tribunal for the Prosecution of Persons Responsible for Serious Violations of International Humanitarian Law Committed in the Territory of the Former Yugoslavia since 1991, 29. November 2017.
Hero, Mesud & Kovač, Fuad: »Hrvatska republika Herceg-Bosna: Agresija i zločin«, Futur Art, 2016.
Agić, Akif & Vele, Faruk: »Svjedoci zla – Živa knjiga: Agresija Hrvatske na BiH«, Štamparija Fojnica, 2018.
Rizvanović, Samija: »Hercegovačke kristalne noći – Ratni zločini nad civilima u Hercegovini od 1992. do 1994. godine«, Dobra knjiga, 2020.

22 Huseinović, Avdo: »Junak umire jednom«, Dokumentarfilm, Televizija Sarajevo und Produkcija Pravda, 2018.
Divjak, Jovan: »Ne pucaj! – Ratni dnevnici '92, Ratni dnevnici '93, Fragmenti«, Udruženje Obrazovanje gradi BiH – Jovan Divjak, 2022.
Kultura sjećanja, Folge 15/2017, Televizija Sarajevo, 2017.

23 Cohen, Roger: »C.I.A. Report on Bosnia Blames Serbs for 90% of the War Crimes«, *New York Times*, 1995. https://www.nytimes.com/1995/03/09/world/cia-report-on-bosnia-blames-serbs-for-90-of-the-war-crimes.html, abgerufen am 17.05.2023.
Bassiouni, Cherif: »Final Report of the Commission of Experts Established pursuant to Security Council Resolution 780 (1992)«, United Nations, 1994.
Tokača, Mirsad: »Bosanska knjiga mrtvih: Ljudski gubici u Bosni i Hercegovini 1991–1995«, Teile I–IV. Istraživačko dokumentacioni centar, 2012.

24 Tokača, Mirsad: »Bosanska knjiga mrtvih: Ljudski gubici u Bosni i Hercegovini 1991–1995«, Teile I – IV. Istraživačko dokumentacioni centar, 2012.

25 Ebd.

26 Ebd.

27 Ebd.

28 Odobašić, Elma: »Sjećanje na ubijene katolike u Srebrenici«, Fernsehbericht, *Hayat Media BiH*, 2018. https://www.youtube.com/watch?v=u8uRYEwmr5Q, abgerufen am 17.05.2023

29 Bećirević, Edina: »Genocide on the Drina River«, Yale University Press, 2014. Suljagić, Emir: »Srebrenica: Culmination of a Four-Year-Genocide«, in: Karčić, Hikmet; Turčalo, Sead: »Bosnian Genocide denial and triumphalism: Origins, impact and prevention«, University of Sarajevo, 2021.

30 Karčić, Hamza. »The four Stages of Bosnian Genocide Denial«, in: Karčić, Hikmet & Turčalo, Sead: »Bosnian Genocide denial and triumphalism: Origins, impact and prevention«, University of Sarajevo, 2021.

31 »Facts about Foča«, UN-Tribunal/ICTY. https://www.icty.org/x/file/Outreach/view_from_hague/jit_foca_en.pdf, abgerufen am 17.05.2023
»A closed, dark place: Past and Present Human Rights Abuses in Foča«, Human Rights Watch, 1998. https://www.hrw.org/legacy/reports98/foca/, abgerufen am 17.05.2023

32 »Punished Peoples of the Soviet Union – The Continuing Legacy of stalin's Deportations«, Human Rights Watch, 1991.

33 (Autor*in unbekannt, hoffentlich weil sie sich schamen lol) »Minderheiten in China – Die Lage der Uiguren«, *Deutschlandfunk*, 2022. https://www.deutschlandfunk.de/minderheiten-in-china-die-lage-der-uiguren-100.html, abgerufen am 17.05.2023.

34 Pitzer, Andrea: »Concentration Camps Existed Long Before Auschwitz«, Smithsonian Magazine, 2017. https://www.smithsonianmag.com/history/concentration-camps-existed-long-before-Auschwitz-180967049, abgerufen am 17.05.2023.
Dyal, Donald: »Historical Dictionary of the Spanish American War«, Greenwood Press, 1996.

35 »Concentration Camps, 1933–1939«, Holocaust Encyclopedia, United States Holocaust Memorial Museum – Washington, DC, 2019. https://www.encyclopedia.ushmm.org/content/en/article/concentration-camps-1933-39, abgerufen am 17.05.2023.

36 Ebd.

37 Huseinović, Avdo: »Djeca iza žice« (Kinder hinter Stacheldraht.), Dokumentarfillm, Verein der Konzentrationslagerüberlebenden und Produktion Pravda, 2017.

38 Karčić, Hikmet: »Torture, Humiliate, Kill«, University of Michigan Press, 2022.

39 Davidson, Helen: »Xinjiang: More than Half a Million Forced to Pick Cotton, Report Suggests«, *The Guardian*, 2020. https://www.theguardian.com/world/2020/dec/15/xinjiang-china-more-than-half-a-million-forced-to-pick-cotton-report-finds, abgerufen am 17.05.2023.

40 Wexler, Ben: Peinlicher Tweet, 2020. https://twitter.com/mrbenwexler/status/1267593286463582208, abgerufen 3.3.2023.